シュプリンガー・ブリーフ・イン・フィロソフィー

真のモラルコンパス

リーダーシップが問われる場面における「現実、責任、そして実行性」を定義する

ジョセフ・L・バダラッコ 著
翻訳 河野俊明 遠藤幸彦
制作協力 公益財団法人 野村マネジメント・スクール

Springer Briefs in Philosophy

Your True Moral Compass

Defining Reality, Responsibility, and Practicality in Your Leadership Moments

JOSEPH L. BADARACCO

Springer

丸善プラネット

First Published in English under the title
Your True Moral Compass; Defining Reality, Responsibility, and Practicality in Your Leadership Moments
by Joseph Badaracco, edition: 1

PRINTED IN JAPAN

シュプリンガーブリーフ・イン・フィロソフィー

シュプリンガーブリーフは、幅広い分野における最先端の研究や実践的解釈に関する簡潔な要約書籍を刊行している。50～125ページのコンパクトな構成を特徴とするこのシリーズは、専門書から学術書まで幅広い内容を網羅している。典型的なテーマには次のようなものがある。

- 最先端の分析手法に関するタイムリーな報告
- 学術誌で発表された新しい研究結果と関連文献レビューの架け橋
- 話題のトピックや新しいトピックの概説
- 詳細なケーススタディや事例紹介
- 研究者が独自の貢献をするために理解すべき主要概念の紹介

シュプリンガーブリーフ・イン・フィロソフィーは、科学哲学、論理学、非西洋思想、西洋哲学を含む幅広い哲学分野を網羅している。また、主要な思想家や先駆者の生涯または半生の伝記を取り扱っている。

シュプリンガーブリーフによる出版の特徴は、迅速な世界電子配信、標準化された出版契約、原稿作成および書式設定ガイドライン、迅速な制作スケジュールである。シュプリンガーブリーフ・イン・フィロソフィー・シリーズでは、依頼原稿と持ち込み原稿のいずれも出版対象としている。執筆希望者の方々が出稿提案用紙に記入し提出してくれることを歓迎している。すべての出版プロジェクトは、外部アドバイザーによる編集レビューを受ける。

当社は、原稿受理から8～12週での出版を目標とした迅速な制作スケジュールを特徴としており、当社のオンラインプラットフォームであるシュプリンガーリンクを通じて迅速な世界電子配信を行っている。簡潔かつ標準化された出版契約では以下を保証している。

- 各原稿に個別のＩＳＢＮを割り当てる。
- 各原稿には著者名で著作権の表示をする。
- 著者は、出版前のバージョンを自身のウェブサイトまたは所属組織のウェブサイトに掲載する権利を有する。

ジョセフ・L・バダラッコ

真のモラルコンパスとは
リーダーシップが問われる場面における「現実、責任そして実行性」
を定義する

ハーバード・ビジネス・スクールの「リーダーシップおよび企業の説明責任」コースの同僚たちへ──彼らからは多くのことを学んだ

序文

本書を執筆するきっかけとなったのは、「モラルコンパス（moral compass）」（道徳的羅針盤）という聞き慣れた言葉であった。よく聞く言葉ではあるが、それにはどのような意味があるのだろうか。私たちの心の中には自動的に善悪を指し示す機器のようなものが本当に組み込まれているのだろうか。その機器が指し示すものが本当に正しいのかを、どうすれば分かるのだろうか。モラルコンパスの針が大きく揺れ動く場合をどのように考えればよいのか。

数年前、私は経営幹部や同僚へのインタビューを開始し、これらの疑問についてどう思うかと尋ねた。また、心理学、道徳哲学、意思決定理論、神経科学入門書など幅広い文献を読み始め、モラルコンパスの概念について、もっともらしく洞察に満ちたさまざまな見解があり、中には少数派の見方もあることを知った。また、過去100年間のモラルコンパスという言葉の用法を追跡した2つのデータベースも調査した。

最終的に私は3つの結論にたどり着き、それが本書の基本テーマとなっている。第1に、私たちのモラルコンパスをハイキングに持って行く単純な携帯コンパスと比較するのは間違いである。第2に、真のモラルコンパスは人間性における深遠かつ複雑だが脆い側面を映し出すものであり、私はこれを個人の道徳的知恵（moral wisdom）と呼ぶことにした。第3に、私たちは難しい決断を下すとき、個人の道徳的知恵によって何が正しいかを決定することにより、何が正しいかを学ぶのである。

本書は、自分の道徳的知恵を理解し、それを上手に使う方法を学ぶためのガイドである。議論、ディベートや熟考、再考を促す目的で、ケーススタディを多用している。また、特にキャリアの初期にある若者をはじめ難しい決断に直面する人々のため、そして人生と仕事の厳しく先の見えない問題について正しい決断を下すという課題を生徒に経験させたいと考える教師のため、本書が役に立つことを願ってやまない。

本書の表記や内容に誤りがあればすべて筆者の責任である。とは言え、ロバート・ドーラン、トレバー・フェッター、ビクラム・ガンディー、リーナ・ゴールドバーグ、ポール・ヒーリー、サム・ラム、ジョシュア・マーゴリス、メリンダ・メリノ、リン・ペイン、ジョージ・リーデル、レイフ・サガリン、サンドラ・サッチャー、ブライアン・トレルスタッド、デボラ・ウィンシェル、デレク・ファン・ビーバー、3名の登場人物による提言と批評には深く感謝申し上げる。また、編集者として導いてくれたクリストファー・ウィルビー、原稿を最終的な形に仕上げるのを手伝ってくれたジェイク・ピュリスにも感謝したい。最後に、妻のパットは幅広く洞察に満ちた重要な助言を与えるとともに、誤りを正してくれた。いつものように、彼女は私にとって最高の編集者である。

米国マサチューセッツ州ボストンにて

ジョセフ・L・バダラッコ

日本語版への序文

私は1980年代初頭から毎年日本において、野村マネジメント・スクールのエグゼクティブ・プログラムで教鞭を執っている。そのため、日本で起きるニュースを注意深くチェックすることが日課となっている。まさに今この序文を執筆しているこの瞬間に、私は日本からのよいニュースと悪いニュースを目にしている。2024年元日に起きた能登半島地震による被害など、苦しみを伴う悲惨なニュースが伝えられている。一方で、何よりよいニュースは、日本経済が失われた数十年からの復活の兆しを示すものである。

地震と経済のトピックは、一見すると根本的に異なる状況を示すものに映るかもしれない。しかし共通する基本的な特徴が1つある。それはどちらも企業、政府機関、その他の市民生活に関係する組織の人々に対して、重大な責任を課すものであるということだ。ここでの責任とは、プレッシャーや不確実性に直面し、組織や人々に対する大きなリスクが伴う状況で、正しく実践的で、重大な意思決定を下す責任を意味する。そして本書では、その責任にフォーカスを当てているのである。

正確に言うと、私がここで焦点を当てているのは、仕事や人生のあらゆる場面で、私たちが直面する難しい決断であり、重要だが典型的な答えが存在しない問いである。確かに、このような意思決定を行うためのフレームワークや指針を提供する、思慮深い書籍や論稿は多数存在する。

法的な要件に焦点を当てるもの、有力な指導者の知恵にフォーカスするもの、そして道徳哲学や精神的生活の原則を取り上げるものもある。

しかし、次の問いに答えることはできるだろうか。「関連するフレームワークや指針をすべて適用しても、まだ何をすべきかが分からないときに、果たして『最後の最後の決断』をどのように行うべきなのか」。残念ながら、世にありふれた指針では、このような問いに答えを出すことはほぼ不可能である。

本書はこうした難しい問いに答える方法を説明していく。本書の構成は、私が何十年にもわたり、企業やその他の組織における責任を伴う意思決定について研究し、ハーバード・ビジネス・スクールでこれらの意思決定について教え、最も困難な意思決定を振り返った経験豊富な経営者から学んだ内容に基づいている。

基本的に、この本の流れはハーバード・ビジネス・スクールや野村マネジメント・スクールでの教室でのディスカッションに類似している。各章では、単純に見えるものの、根本的に複雑なケース（題材）を紹介するとともに、その後に読者の考察と熟考を促すべく議論を展開していく。そして全体として、人生で避けられない困難な課題に直面するときに、よりよい最終的な決断を下すための方法として私が望んでいること、そして信じている内容を描き出している。是非、最後まで読み進め、真のモラルコンパスを体得していただきたい。

2024年1月16日　ジョセフ・L・バラダッコ

読者に向けて

著者であるジョセフ・Lバダラッコ教授には、1983年から40年以上にわたり野村マネジメントスクールで教鞭をとっていただいている。教授は、主に日本の上場企業の役員クラスおよびその候補者を対象とする「トップのための経営戦略講座*」の主任講師を務めている。

同講座で、バダラッコ教授は「リーダーシップと企業の説明責任」というモジュールを担当しており、このモジュールでは、経営者が、完全かつ十分な情報が無い中で、かつ時間が限られた中で、明白な正解がない経営課題に直面した際、いかにして最終的な意思決定を行うか、ということを議論している。

ケースメソッドを用いる事により、受講生は疑似的に経営者の立場に身を置きながら、自分なりの解決策を見出だすとともに、他の受講生と異論を闘わせる中で、自分なりの判断軸を形成していくのである。

バダラッコ教授からは。受講生が下した判断そのものというよりは、その判断に至る思考プロセスや価値観について、執拗な質問が繰り返される。根拠だけでなく、倫理観に関しても真剣な議論がなされる。

本書で取り扱う「モラルコンパス（moral compass）」（道徳的羅針盤）は、意思決定時における判断指針の根源であり、経営トップにとっての最後の拠り所にもなり得るものだ。これは、経営者としての経験や、他の経営者との対話、当スクールのようなプログラムを通じた訓練によって、身にしみこませていく「経営観」といったようなものと言える。

バダラッコ教授の前著である「Step Back」（丸善プラネット、2022年）では、この「経営観」を養なうために、多忙な経営者が、日常の隙間時間を使ってリフレクション（内省）を行うことの意義、方法について取り上げている。本書のモラルコンパスを磨く方法についても触れているので、ぜひ参考にしていただければと思う。

本著が、不確実性が増す経営環境下で、困難な経営課題に対して最終的な意思決定を担う日本企業の経営者、経営幹部、そして将来の経営幹部の皆様の助けになれば幸いである。


野村マネジメント・スクール　専務理事　中島久雄

＊ハーバード・ビジネス・スクールが開催している、アドバンスド・マネジメント・プログラム（Advanced Management Program）を、日本向けに3週間に凝縮した経営リーダー育成プログラム。受講生は講座期間中、一緒にホテルに宿泊し、野村マネジメント・スクールに通い、リーダーとして必要なスキルと思考フレームワーク、そして判断力を磨く。

目次

第１章
個人の道徳的知恵

マネージャーが直面する最も難しい問題というのは、事実、倫理、実行のあらゆる場面で不確実性に満ちた複雑な問題である。その典型例が、２０１８年の映画『ペンタゴン・ペーパーズ／最高機密文書』に登場する。この映画は、およそ半世紀前の『ワシントン・ポスト』紙の発行人であるキャサリン・グラハムによる１つの決断を題材にしたものだが、広く称賛され、多くの賞にノミネートされた[1]。この決断が、長年のときを経てこれほど注目されたのはなぜなのか。

その答えの１つは、この映画が主にグラハムの赤裸々な自伝に基づき制作されていることにある。そこには、ある特権階級の女性のつらく非凡な人生が描かれている。そして彼女の決断は現代に通じるものでもある。また男性中心の組織を率いる女性経営者が抱える難題を浮き彫りにし、企業の社会的責任について深刻な問題を提起している。しかし何よりも、この映画は誰もがときに直面する重大な問題をドラマ化している。それは、人生や仕事上の厳しく不確実な問題に対し、私たちがどのように最終決定を下すべきかという問題である。

グラハムは、『ワシントン・ポスト』紙がペンタゴン・ペーパーズに基づく記事を掲載すべきかどうかという決断を迫られた。これは、米国がベトナム戦争に関与した歴史を綴った50巻もの極秘文書である。グラハムの決断は、憲法、法律、政治に関する重大な問題に関わるものだった。公表すれば同紙は財務的なリスクにさらされ、公表しなければ新聞社としての信頼性が大きく損なわれる恐れがある。

これはグラハムのリーダーシップが試される状況でもあった。『ワシントン・ポスト』は彼女の父が創業した新聞社で、彼女は当時、自殺した夫からCEOを引き継いだばかりだった。それにより彼女はフォーチュン500企業において最初で当時唯一の女性CEOとなった。そして今、グラハムは最初の大きな決断を下さなければならなかった。それも、会社の命運と彼女のリーダーとしての正当性を大きく左右しかねない決断を。

1・1　リーダーシップが問われる場面

私たちも、スケールこそ小さいものの、グラハムと同じような状況に置かれることがある。例えば、よく知っていて信頼している部下がセクハラで告発されたとする。人事部が調査を行ったが、はっきりした結果は出ていない。あなたはオフィスに座っているものの、ほかの仕事が手につかない。次にどうするか決断しなければならないからだ。

あるいは、高齢の親に関する重大な医療上の決断を下さなければならないとする。数日前、数通りの治療法で生じ得る効果とリスクの評価について専門医から説明を受けた。医師はあなたの最終決定を待っているが、あなたはまだそれらの選択肢の間で揺れ動いている。

キャサリン・グラハムと同様に、状況を徹底的に分析し、信頼し尊敬する人たちと決断について議論し、自身の責任と選択について熟考したが、それでもすべての選択肢の評価が拮抗している場合はどうすればよいのか。決断すべきときがきたが、どれが正しいのかは分からない。あなたはどのように最終決定を下すべきなのだろうか。これらはリーダーシップが問われる場面であり、私たちは仕事で、そして一生を通じて何度かこのような決断を迫られる。

リーダーシップが問われる場面は、理解しにくくほとんど研究されていないが、重要な転換点である。議論も分析も考察も終えなければならないが、行動し実行するのはこれからという瞬間である。この局面で決断を下さなければならない。「最後の最後の決断」を下さなければならず、その結果に責任を負うことになる。

リーダーシップが問われる場面は、劇的な状況、組織のトップ、歴史上重大な瞬間に置かれた人だけに訪れるものではない。いつ誰が遭遇してもおかしくない。また、これらの決定的選択の場面は、キャリアの初期にある人々には特に重要である。その時分は、こうした課題が手に負えないと感じられる場合もあり、人格や能力が試されることになる。これらの決断にどのように対処し、成功や失敗から何を学ぶかによって、その人のキャリアや、場合によっては人生の軌道まで変わることがある。つまり、肝心な質問は次のようなものである。リーダーシップが問われる場面に向き合ったとき、どうすれば責任ある実践的な決断を下すことができるのだろうか。

1・2 一般的な答え

この問いに対する一般的な答えは、誰でも聞いたことがあるものだ。その答えはまったくの真実であり、まったくの誤りでもある。おそらく最もよく聞く答えは、自身のモラルコンパスに従いなさい、というものだろう。これは内なる導きとなる善悪の感覚を包括的に表す言葉である。ほかに、自分の判断を信じなさい、価値観に従いなさい、良心の声に耳を傾けなさい、ロールモデルや最良の自分だったらどのような決断を下すか考えなさい、といった言い方もある。

「モラルコンパス」という語をグーグルに入力すると、1秒も経たずに何百万もの検索結果が現れる。下までスクロールしてみると、「モラルコンパスがないとアイデンティティーが失われる」、「最も見落とされがちなリーダーシップのスキル、それはモラルコンパスを持っていることである」、「マネジメント上の意思決定のためのモラルコンパス」、「ビジネスリーダーのためのグローバルなモラルコンパス」などといった表題の記事が見つかる。このような記事は、通常、内なる善悪の指針という意味でモラルコンパスという言葉を使っている。データベースで調べると、1世紀以上前から何千もの新聞記事が同じような見方を示してきた[2]。

モラルコンパスに関する一般的な見方は、重要な真実を捉えてはいる。しかしそれは、善か悪かという単純な状況にしか当てはめられない。例えば、通りを歩いているときに、数歩前を歩いている人がうっかり財布を落としたとしたら、どうすべきだろうか。財布を開いて現金を抜き取ることも選択肢の1つだが、正しい答えは言うまでもない。モラルコンパス、良心、価値観がすぐにはっきりと教えてくれるはずだ。財布を拾って持ち主に返しなさい、と。

私たちの組織やコミュニティーは、善か悪かという状況には力強い本能的反応で応える。このような内部統制が働かなければ、監視や処罰といった外部統制を大幅に拡大せざるを得なくなる。さらに、善か悪かという状況で、明らかに正しいことを行うのではなくいちいち考え込んでいたら、日常生活が回らなくなってしまう。要するに、いかに自分が思慮深く高潔な存在だと考えていようと、私たちは市民として、リーダーとして、組織の一員として、親として、隣人として、個人として、信頼性が高くほぼ自動的に働くモラルコンパスを持つ必要がある。

1・3　複雑さという難題

しかし、キャサリン・グラハムの場合のように複雑な状況ではどうだろうか。彼女が対処したのは、落ちている財布のような問題ではない。セクハラへの対応や親の医療問題に苦慮している場合も同じだろう。これらのケースでは、事実は明確ではなく、責任は複雑であり、有効な解決策を見つけることは、財布を拾って持ち主に返す場合よりもはるかに複雑である。

キャサリン・グラハムに対し、自分のモラルコンパス――あるいは自身の良心、価値観、判断――に従いなさいと言っても、ほとんど役に立つことはないだろう。モラルコンパスというものは、きれいなシャボン玉のようなもので、複雑性に直面すると、脆くもはじけてしまうようなものだ。グラハムは、会社の経営陣と信頼するアドバイザーの双方から、説得力はあるものの互いに矛盾する助言を受けていた。いずれのグループも、事実、可能性、責任、実務上の検討事項が複雑に絡み合った議論を展開した。私たちが白黒のつかない灰色領域の難しい問題に向き合うときや、善と善の二者択一を迫られるときと同じ問題が生じていたのである。

このような状況でモラルコンパスに従えというのは現実離れした美辞麗句を並べるようなもので、せいぜい冠婚葬祭の場でやるべきことだ。自分が高い桟橋の上にいて6メートル下で溺れている人がいたとして、60センチしかない美しい組みひもを投げ降ろしても意味がない。モラルコンパスや個人の価値観に関する決まり文句のおまじないで鼓舞しようとするのも同じことだ。

こうしたありきたりの助言は、漠然としているだけではない。問題はもっと深いところにある。本当に難しい問題に直面したとき、モラルコンパスまたは良心によって行うべきことが示されたとしよう。この内なる導きが正しいと、どうして分かるのだろうか。何らかの方法で自己証明できるのだろうか。自らの判断が感情、偏見、私利によってゆがめられていないか、あるいは虫の居所に左右されていないか、どうして分かるのだろうか。良心が朝と夜で違うことを言ってきたらどうするのか。また、よくあることだが、よく知っていて信頼している人たちのモラルコンパスが自分とは異なる方向を指していたらどうすればよいのか。

これらの疑問から、私たちにハイキング用の携帯コンパスに似た内なる導きの仕組みがあるなどという考え方は、明らかに改めるべきだ。シェイクスピアは『ハムレット』に「己に誠実であれ（To thine own self be true）」と書いている[3]。しかし、彼がこの言葉を語らせているのはポローニアスだ。おしゃべりでお節介な道化師的存在であり、彼の助言についてはよくよく考える必要がある。

現実的に言えることは、ある状況における重要な事実についての見方は各人でばらつきがあり、私たちの責任は非常に複雑になる場合がある。そして、それが実践的なものかどうかが、責任ある決定の要になるということである。また、現実的に見て私たちの最終決定はきわめて個人的かつ主観的で誤りを免れず、詰まるところ不可解なものである。

リーダーシップが問われる場面において、私たちはプレッシャーを受け、流動的で不確実な状況の中で精一杯のことをする人間にすぎない。石板を持って山を降りるモーセとは違う。現実は複雑で、責任は複雑で、行動は複雑である。そのような状況の中で、目標は**唯一**の正しい答えを出すことではなく、**自分なり**の正しい答えを導き出す――根拠に基づき有効で責任ある決断を下すことである。

人生において真に責任を負う人々にとって難しい決断は単純なものではなく、そのような決断を下さなければならない人間も単純ではない。だからこそ、そのような問題の複雑さと微妙な意味合い、そして私たち自身が有する複雑さと微妙さ——つまり私たちのアイデンティティー、コミットメント、希望、恐怖——を認識し対処する視点が必要である。

1・4　根本的、必然的な問い

3年にわたる研究とインタビューの結果、私が導き出した結論は、私たちのモラルコンパスは良心、価値観、判断と同じように私たちの人間性が持つ深遠で複雑な様相の1つであるということだ。それらは個人の道徳的知恵と私が名づけたものを表している。これは、ある状況において何が本当に重要か、どのような責任があるか、何が可能で何が実践的かということに関する個人的な判断である。正しいか間違っているかに関わらず、私たちが難しい状況において最終決定を下すときは、個人の道徳的知恵に依拠している。これが私たちの真のモラルコンパスである。

このプロジェクトの初期に2人の元CEOにインタビューしたところ、2人とも航海が趣味だった。2人にとってのコンパスは、危険が潜む海域、濃い霧、強風の中を進むときに欠かせない洗練されたコンピューター装置である。これらのコンパスは自動的には作動しない。使いこなすには注意、スキル、経験、判断力が必要である——個人の道徳的知恵と同じように。

個人の道徳的知恵という概念に対し懐疑的な見方があるのは当然のことだ。これも漠然と人を鼓舞する言葉の一種であるかのように思われるかもしれない。しかし、個人の道徳的知恵は、強力で型破りな、急進的とも言える考え方である。それは、リーダーシップが問われる場面において正しい決断とは、**自分が**最終的に正しいと決断したことである、という考え方だ。しかし、この決断は自動的に導き出されるものでも直感的に得られるものでもなく、まして正確なものでもない。個人の道徳的知恵は、確実に磁北を示す単純なコンパスとは似ても似つかない。何が正しいかを示してくれることもない。その重要な役割は、何が正しいかを決定する手助けをすることである。

真のモラルコンパスとは、その人なりに世界を理解する方法である。困難で複雑な決断に向き合うときに、何が本当に重要か、どのような責任があるか、どうすることが実践する上で賢明かを認識する個人的な手段である。要するに、リーダーシップが問われる場面において現実、責任、実行性を定義するためのレンズである。

個人の道徳的知恵に頼る場合、必然的に４つの根本的な問いに答えざるを得ない。そして、これらの問いには個人として答えることになる。本書ではこれらの問いがいかに重要で難しいものであるかを説明するが、簡潔に表すと次のようになる。

1　本当に重要なものは何か
2　私の責任はどのようなものか
3　何が有効か

4　個人および職業人として受け入れられるものは何か

この4つの問いも、意思決定を行う経営幹部のためなどと謳うありがちなリストの1つだと思われるかもしれない。しかし、それではこのリストの力とその重要性を過小評価している。

これらの問いは、個人の道徳的知恵を構成する基本構造であり骨格である。これらは、リーダーシップが問われる場面において私たちが**必然的**に答えなければならない質問である[4]。これらの問いは別の表現に言い換えることもでき、答えは言葉に出しても出さなくてもよく、熟考することもいい加減に答えることもできる。しかし、何が正しいかという最終的な決断は、必ず何が重要か、どのような責任があるか、何が有効かという個人的判断を反映したものになる。

キャサリン・グラハムは、記事の掲載について決断を下したとき個人の道徳的知恵に依拠しており、4つの問いに1つ1つ――個人として――答えを見つけなければならなかった。実にさまざまな事実、可能性、リスクの中で最も重要なものはどれか。幅広い関係者や自分自身に対する多くの責任の中で最も優先順位が高いものはどれか。翌日の紙面で公表するか、1日か2日後に公表するか、一切公表しないかという選択肢のうち、実践面で道理にかなう選択肢はどれか。そして最後に、グラハムはこれら3つの問いに対する自分の答えをまとめ、個人として、また職業人として、自分は何を受け入れられるかという最終的な決断を下さなければならなかった。

読者も自分が下してきた難しい決断を振り返ってみれば、この4つの問いが根本的なものである理由が分かるはずだ。ある状況の中で何が本当に重要かを理解しようとしていなかったとしたら、それ以上の決断が下せただろうか。自分の責任に関する問いを無視するか、単純化した方がよかったのだろうか。前へ進む方法として、実践面を無視していたらどうなっただろうか。何が重要か、どのような責任があるか、何が実践的かを検討していなかったとしたら、最終的に正しい決断を下せただろうか。

医師、裁判官、職場の上司、政治指導者が、あなたや身近な人々、あるいはあなたの組織に重大な影響を与える決断を下すことを考えてみよう。これらの人々が重要な事実や不確実性、自分の責任、ポジティブな違いを生みそうな有効な選択肢についてよく考えなかったら、それは明確な職務怠慢だろう。

最後に、難しい決断をめぐって人と激しく意見が対立したときのことを思い出してほしい。しかも、自分はその人のことをよく知っていて、尊敬もしていた。2人とも同じ事実を見て、誠実に行動し、何をすべきかについて共通の理解を得たいと考えていた。しかし、意見は対立した。注意深く振り返ると、重視すべきことは何か、または主な責任はどこにあるのか、または実際にどうするとよさそうか、という点について見方が異なっていたため、意見の相違が生じたことが分かるはずだ。

物理学者のヴォルフガング・パウリは、同僚の理論を「間違ってすらいない」と言って切り捨てることがあった[5]。これは、自分の良心、モラルコンパス、最良の自己イメージに従いなさいという助言とはまったく異なる。これらの助言は確かに重要な真実かもしれない。しかし、ある状況において難しい決断を迫られたとき、状況の複雑さをどうにかして切り抜ければ、自分が何をすべきかがはっきりと直感的に分かるだろうと考えるのは、無責任どころか無謀とすら言えるかもしれない。私たちの真のモラルコンパス、すなわち個人の道徳的知恵は、自動的に働くものでも客観的なものでもない。間違えやすく繊細で不可解なものであり、私たちはその使い方をよく学ばなければならない。

1・5　個人の道徳的知恵を理解する

本書の各章は、個人の道徳的知恵を理解し利用するための一風変わったガイドである。このガイドは、実施すべきこととすべきでないことを書き並べるのではなく、ストーリーと示唆に富む見解によって構成されている。本書の各章の冒頭では、実際に登場人物が難しい実践的な決断を迫られた状況について、興味と、時には不安を誘うように記述している。章を読み進めるごとに、その状況について自分ならどう考えたか、自分なら何をしたかと考えることができる。それが自らの個人の道徳的知恵を理解することにつながる。

本書は2つの理由から、キャリアの初期にある人々が直面するリーダーシップが問われる場面に焦点を絞っている。第1に、キャリアの初期の状況はX線のようなもので、個人の道徳的知恵の基本的要素が明確に映し出されるが、それらはキャサリン・グラハムが経験したような決断の複雑さによって見えにくくなる場合がある。第2に、このようなキャリア初期の状況は、より大きな責任を引き受け、それらにうまく対処できるようになるために必要なスキルと自己認識を若い人たちに示すことができる。

個人の道徳的知恵は、永続的な人としての挑戦に向き合うためにも有用である。古代ギリシャ人は、自分たちにとって最も重要な神殿であるデルフィのアポロン神殿の入口上部に「汝自身を知れ（Know thyself）」という言葉を刻んだ[6]。私たちの個人の道徳的知恵は、自分が何者であるかを映し出し、明らかにしてくれる。これを知らなければ、正しく生きることは非常に難しくなる。

しかし、個人の道徳的知恵とは何だろうか。その基本的特徴は何か。どのように役立つのか。この重要だが理解しにくい自分の一面を把握するために最もよい方法は、どのようなものだろうか。

注と参考文献

1　キャサリン・グラハムの自伝、Graham, Catharine. 1998. *Personal History*. New York: Vintage、および映画『ペンタゴン・ペーパーズ／最高機密文書』（原題：『The Post』）。https://www.imdb.com/title/tt6294822/

2　この項は、「moral compass」、「moral clarity」の語句をABI/PROQUESTデータベースで検索した結果に基づく。

3　Shakespeare, William. 1911. *The Tragical History of Hamlet, Prince of Denmark*. London: Adam and Charles Black

4　道徳の明快さに対するこのアプローチは、英国の哲学者であるバーナード・ウィリアムズが提示する道徳の「薄い（thin）」概念と「厚い（thick）」概念の区別とほぼ類似している。道徳の明快さに対する「薄い」アプローチは、あるアプローチが他のアプローチと比較して単純に正しいという強い感覚に基づいている。本書で構築したアプローチでは、実質的により「厚い」アプローチの方がよりよいものとする。すなわち、初動的本能的な反応に基づくのではなく、状況の具体的な要素や関連する道徳の概要、問題や状況に対処するための実践的な視点から検討することによって、何が正しいかを判断するアプローチを優れたものと捉えている。もう1つの類似点は、このアプローチが行動に焦点を当てている点である。ウィリアムズは、道徳の「厚い」概念を「行為を導く（action-guiding）」、「世界に導かれる（guided by the world）」と表現している。次を参照：Williams, Bernard. 1985. *Ethics and the Limits of Philosophy*. Cambridge, MA: Harvard University Press

5 Peierls, Rudolf. 1960. *Biographical Memoirs of Fellows of the Royal Society*, Vol. 5. February

6 「汝自身を知れ（Know Thyself）」Wikipediaより。https://en.wikipedia.org/wiki/Know_thyself#:~:text=%22Know%20thyself%22%20is%20an%20Ancient,and%20trouble%20is%20at%20hand%22

訳者注

以下の章で紹介されている事例の登場人物、会社名などは仮名である。

第2章

3人の民間人に死が迫っている

本当に重要なものは何か

私たちが自分の下した決断が正しかったのかどうか、あるいは他の誰かが下した決断が正しかったかどうかを問うとき、２つの問いに答えなければならない。これらは、飛込競技で審査員が行う質問と同じものである。１つ目は選手がどれだけうまく飛び込んだかを問うものであり、もう1つは技の難易度を問うものだ。キャサリン・グラハムはペンタゴン・ペーパーズの文書に基づく記事を掲載するかどうかという難しい決断をしなければならず、その難易度は非常に高かった。彼女が相談した人物は、誰もが基本的事実とその状況のリスクを理解していた。しかし、彼女の弁護士と財務部門の役員たちが掲載に強く反対したのに対し、編集者と記者たちは掲載を熱烈に支持した。

私たちは、仕事や人生の他の場面でも同じような状況に置かれることが多い。同じ基本的事実を認識していても、相手を尊敬あるいは称賛しており、普段はその決断を信頼している場合でさえ、相手と意見が合わないことがある。私たちは彼らと話し合い、根拠、原則、推論、常識に働きかけることができる。彼らも同じようにして、誠心誠意努力することができる。しかし私たちは、状況の基本的要素について意見が一致していても、どの要素が最も重要かについて合意することはできない。

このような意見の相違は、私たちのモラルコンパスに関する重要な事実かつ弱点を指し示している。モラルコンパスは客観的なものではないのだ。私たちは複雑で困難な問題に対して、独力で個人として対応することになる。それぞれが個人的な経験や人格というプリズムを通して状況を屈折させる。実際に私たちは、「この状況における込み入った詳細なポイント、かつ独特なポイントは詰まるところこういうことなのだ。これこそ実際に起こっていることであり、本当に意味することなのだ」と言う。

だからこそ、最初の根本的な問い、「本当に重要なものは何か」を問うのである。問いとして最も簡潔な表現だが、実際には、本当に重要なものを**あなた**がどのように定義しているかを、慎重かつ批判的に確認するよう求めている。どの事実を中心的なものとして定義づけるか。どの不確実性を重要視しているか。物事を見るとき、最も注意を払うべきリスクはどれか。

困難な決断に対してこのような視点を持つことは難しく、動揺を招くことさえある。これらの問いに対する私たちの個人的な答えが正しいかどうかを、いかにして認識できるのだろうか。思い違いをしていたらどうなるだろうか。ある状況において本当に重要なものは何かということについて自分と誰かの見解が対立するとき、そのギャップを埋めるにはどうしたらよいのだろうか。

これらの難題に立ち向かうための指針として、注目すべきケーススタディに話を移そう。それはある若い少尉が、リーダーシップが問われる場面で生死を賭けた選択を行った事例である。このとき、彼よりはるかに経験のある部下の軍曹は、危険な状況において本当に重要なものは何かについてまったく異なる見解を持っていた[1]。

２・１　戻るべきか

ジョー・ギフォード少尉は23歳の小隊長で、イラクのタッル・アファルで50人の米軍とイラク軍の兵士を率いて危険な軍事行動を指揮していた。彼らの任務は、米軍主導の連合軍が支配下に置いていない建物に侵入し、徹底的に捜索し、遭遇した反乱兵を捕獲または殺害し、敵による建物の奪還を阻止することだった。ギフォードの部隊は、他の住居に密接して建てられた2階建ての大きな家屋に入るまでの数時間は、奇襲も困難もなく作戦を継続することができた。

しかしギフォードと部下たちは、侵入した直後に呼吸困難に陥った。目も喉も焼けるように熱くなり、空気中には刺激の強い化学物質が充満しているようだった。しばらくして、兵士たちは天井から頑丈なワイヤーで吊り下げられた巨大なドラム缶をいくつか発見した。彼らは即座に、自分たちが巨大な爆弾の中にいることを悟った。兵士たちは家屋から避難を始め、中に入ろうとしていた他の兵士たちを通りに押し戻した。

ギフォードは兵士たちに小隊のブラッドレー歩兵戦闘車に乗るよう命じた。これは重装甲輸送車であり、ギフォードは、いつ起きるかわからない壊滅的な爆発から兵士たちを守ってくれることを願った。しかし、最後の兵士がブラッドレーに乗り込むと、ギフォードはなぜ爆発が起きないのか不思議に思い始めた。起爆係が眠ってしまった、あるいはどこかに行ってしまったのだろうか。もしかしたら、起爆装置につながった携帯電話か双方向無線機が不具合を起こしているのかもしれない。それとも、起爆係は爆発を起こす別の機会を狙っているのだろうか。ギフォードにとって確かなことは、彼と彼の部下たちが幸運にも生きているということだけだった。

それからしばらくして、ギフォードは爆弾のあった家屋の隣家で見つけた3人のイラク民間人のことを考え始めた。彼らはそこで高齢のイラク人女性と2人の幼児に出会っていた。兵士たちは彼女らをそのままに捜索を終え、爆弾を発見した家屋に向かった。ギフォードは、爆発が起これば3人のイラク人は死んでしまうと悟った。

すぐに彼の頭の中を疑問が駆け巡り始めた。あの老婦人が隣家の爆弾に気づかないということがあるだろうか。米軍主導の連合軍がタッル・アファルの全市民に再三避難命令を出したのに、なぜ彼女はまだそこにいたのだろうか。あの女性は無辜の市民なのか、それとも罠の一部なのか。無辜の市民であった場合、自分と他の兵士たちの命を危険にさらしてまで、彼女と幼児たちを救出する価値があるのか。そして、罪がないことが明白な幼児たちに対して、ギフォードは特別な義務を負っているのだろうか。

ギフォードが決断を下すのに与えられた時間は数分しかなかった。戦闘車でヘルメットをかぶりながら、彼は自分の小隊のコリンズ一等軍曹が爆弾の件を上級部隊に報告し、爆発物処理班の出動を要請しているのを耳にした。ギフォードはこの任務のための数週間の訓練を通じて、物腰の柔らかいベテラン戦闘員、コリンズ一等軍曹を、「兵士たちの面倒を見る義務」――これはコリンズ自身が自らの義務を述べるときの言い回しだ――を深く気にかける、尊敬すべき物静かなリーダーとして見るようになっていた。

コリンズが要請を終えた後、ギフォードは女性と子どもの救出について彼に尋ねた。彼は、「少尉殿、家屋が爆発する仕掛けになっていることをあのイラク人が知らなかったはずはありません。中に戻ることはよい考えとは思いません」と答えた。コリンズは、どこであれあの家屋の近くにいるのは危険だと付け加えた。ギフォードはコリンズと数分間意見を交わし、その上で救助を試みることを決断した。彼はブラッドレーの部下たちに向かって次のように言った。

諸君、私はあの人たちを確保するためにあそこに戻るつもりだ。一緒に来る義務は誰にもないが、私は戻る。もし、自発的に同行したいという者がいるならば、是非そうしてほしい。しかし、志願者がいてもいなくても、私はあそこに戻るつもりだ。

18歳と19歳の若い兵卒2人が志願し、ギフォードに従って家屋に戻った。通訳がいなかったので、ギフォードは身振り手振りで老婦人とコミュニケーションを取ろうとしたが、抵抗されたため、兵士たちは彼女を引きずり出し、2人の幼児を爆発圏外の家屋まで運んだ。その後、ギフォードと2人の志願者がブラッドレーに戻ると、間もなく爆発物処理班が到着し、爆弾を爆発させた。爆弾はものすごい勢いで爆発し、70トンの戦闘車を地面から浮かせ、家屋を破壊し、近隣の建物にも大きなダメージを与えた。

事件から数週間後、コリンズ一等軍曹はギフォードの決断に懐疑的な態度を崩さなかった。彼は後に次のように語った。「確かに、すべてがうまくいった後では、これは非常に英雄的な行動に見えます。うまくいって本当によかったと私も思います。しかし、そうならなかったとしたらどうでしょう。2人の兵卒と1人の優秀な少尉が砂漠で死んでしまうのです。残りの部隊がリーダーなしで戦場に取り残されるということも、もちろん問題です。そして、何のための行動かと言えば、どのような形であれ反乱軍と関係があるに違いない老婦人のためにとった行動なのです」。

ギフォードの部隊長は、救出作戦について彼に何も語らなかった。ギフォードはこれを承認していないか、暗黙の支持を表すものか、あるいはこの決断はその状況下で上級指揮官であるギフォードに属するという認識の表れかもしれないと考えた。ギフォードの兵士たちも時折この出来事について言及し、「少尉殿、あれはまた随分と大胆な行動でしたね」といったコメントを加えた。ギフォードはそれが自分の決断を支持するものではないことを理解し、なぜ他の者たちがタッル・アファルでの事件に関して自分と同じ見解を持たないのかを考え続けた。

２・２　個人的な視点を避けることはできない

ジョー・ギフォードが老婦人と2人の子どもの救出を決断したときどんな心境だったのかを想像することは、戦闘経験のない者には不可能なことかもしれない。せいぜいできることは、目の前に展開する揺れ動く感情、駆け巡る思考、入り組んだ出来事に圧倒されそうになりながらも、重要な決断を下さなければならなかった状況を想起しようとすることくらいである。

一見すると、ギフォードの決断は単純な二者択一のように見えるかもしれない。彼とその部下たちは戻って老婦人と子どもの救出を試みるべきか、それともブラッドレーに留まって爆発物処理班が事態を処理するのを待つべきか。しかし、この決断は単純なものとはとても言えなかった。ギフォードは、できる限り最善を尽くして一連の問いに答えなければならなかった。しかしその答えは、急速に展開する複雑かつ不確実な状況の中で、彼が個人的に何を最も重要と考えるかにより変わる。

ギフォードが直面した問いの一部には、自身のコントロール外の事実や不確定要素が含まれていた。この状況で本当に起こっていたことは何か。老婦人は何を考えていたのか。なぜ彼女は、村の皆と同じように避難しなかったのか。もし彼女が共犯者だったなら、なぜ2人の幼児の命を危険にさらしたのか。共犯者でなかったのなら、なぜ幼い子どもたちとともに巨大な爆弾の隣に留まったのか。多くの兵士が爆弾のすぐ近くにいたのに、なぜ爆発しなかったのか。彼の部下たちは既に安全だったのか、それとも近くに別の爆弾があって、今にも爆発しようとしていたのだろうか。

ギフォードはまた、自分の選択肢に関する複雑だった問いにも直面した。彼の選択を単純なイエスかノーの選択として表面的に要約すると、それらの問いは隠されたままだ。例えば、彼は老婦人と2人の幼児を助けるために個人的な役割を果たすべきだったのだろうか。それはリーダーシップと個人的な勇気を示すことになっただろう。あるいは、彼は他の兵士が自分をアシストするように命令すべきだったのだろうか。それは小隊のリーダーとしての権威を確認することになっただろう。彼が志願者を募るというのはよい考えだったのだろうか。もし志願者がいなかったら、彼のリーダーとしての地位はどうなっていたのだろうか。彼は、救助が成功するか失敗するかに応じてさらなる決断を下すことができるように、そこに留まって他の兵士に作戦実行を命じるべきだったのだろうか。

ギフォードが見ていたのは、実際には単純なコンパスではなく、急速に回転する万華鏡だった。彼が見ていた断片――彼の状況に関するすべての複雑な問い――は、急速に動いていた。ギフォードの最終的な決断は、この状況において彼が本当に重要だと思うことに依拠しているため、根本的かつ必然的に個人的なものであった。もし兵士たちの安全が最も重要なら、彼は救出作戦を放棄すべきだ。個人的な勇気を示すことが最も重要ならば、彼は救助を指揮すべきだ。自分の指揮権を最も重視するならば、彼は他の兵士に戻ることを命じるべきだ。その老婦人が共犯者である可能性が高ければ、彼は彼女の窮状を無視することもできただろう。しかし、民間人を守るという大隊の任務を最重要視するのであれば、彼は子どもたちを救出する方法を見つけなければならなかっただろう。

ギフォードはこの状況を個人的に解釈した。コリンズ軍曹やギフォードの部隊長、彼の兵士たちがそうしたように。そして、私たちがギフォードの立場にあったならばどうしたかを想像する際に、各自が行うように。仕事や人生の困難で複雑な問題について最終決定を下すとき、私たちは同じことをする。あらゆる状況は、事実、認識、可能性、微妙な意味合いを組み合わせたものであり、私たち一人ひとりが各自の個人的な方法で、それなりに解釈したものである。

ドイツの哲学者であり心理学者でもあったフリードリヒ・ニーチェは、「否、まさしく事実なるものはなく、あるのは解釈のみ、である[2]」と単刀直入に表現した。ニーチェが言いたかったことは、いかなる客観的事実も存在しないという明らかに誤った考えではない。ギフォードが直面した状況下にあった誰もが、大隊の任務、爆弾、反乱、老婦人と子どもの窮状といった紛れもない現実を理解していた。

しかし、こうした基本的な現実の上に、私たちの個人的な視点が重なる。裁判官によって法律の解釈が異なるのも、歴史家が重要で十分に記録された出来事についてしばしばまったく意見を異にするのも、神学者が信仰対象の聖典に書かれていることについて時には激しく対立するのも、読書会の仲間たちが同じ小説について長々と議論できるのも、そのためである。金持ちの子と貧乏人の子が2人で通りを歩いていて、道端に10ドル札が落ちているのを見たとしよう。現実の紙幣は2人にとって同じに見えるが、それが持つ意味はそれぞれにとってまったく異なるものである。

2・3 個人的視点の力

なぜジョー・ギフォードは、状況をそのように解釈したのか。なぜ私たちは、自分たちがするように状況を解釈するのか。そしてなぜ私たちの視点は、他者の視点と——ときには著しく——異なるのか。これらの問いに答えるには、2つの重要なステップを踏む必要がある。

第1のステップは、私たちが実際にどのように意思決定を行うか、また、行うべきかについて、単純化した還元主義的な説明（訳注：多様な現象を基本的な現象から分析して説明する考え方）を頭から一掃することである。ジョー・ギフォードやキャサリン・グラハムは自分たちの効用を最大化していた、という経済学的見方がその1つだ。別の見方は、彼らは超自我による拘束と自らのイドの原始的な欲望とのバランスをとっていた、というフロイト主義的な見方である[3]。社会心理学者ならば、2人の認知バイアスとの闘いに焦点を当てるかもしれない。神経科学者や哲学者の中には、私たちは実は意思決定などしていない、私たちの選択に関する説明は、状況によって引き起こされる神経インパルスを後づけで合理化したものにすぎない、と主張する者もいるだろう[4]。

より正しく現実的な見方は、色褪せることのないヒューマニスト的視点である。それは私たちを複雑で多面的な存在、もしくはニーチェの言葉を借りるならば「人間的な、あまりに人間的な(human, all too human)」存在として捉える[5]。この視点は、実際にどれだけのことを説明できるかについては実に控えめである。詩人、心理学者、歴史家、神学者、哲学者、小説家の洞察に加え、普通の人々の日常的観察も活用する。私たちの決断を単純化する単一の変数で説明することはめったにない。「私は大きい」とウォルト・ホイットマンは書いた。「私は多くのものを包含している[6]」。

２・４　何が重要かを決める

ジョー・ギフォードがどのように決断を下したかをよく見ると、私たちがある状況で本当に重要なことを個人的にどのように見極めているかがより明確になる。要するに、私たちは特定の細かな部分を選び出し、それに焦点を当てるのであり、そうするのはその細部が私たちにとって意味があるからである。意見の相違があるとき、人々はそれぞれが同じ状況の異なる側面を強調しており、それらの解釈が彼らにとって意味があるという理由でそうしているのである。

ある状況で本当に重要なことを決めるとき、私たちはカメラで写真を撮影するようには行動しない。私たちは状況にまっすぐ目を向けることはしない。その代わりに状況を見極め、特定の側面を選び出し、それらにひたすら集中する。私たちがそうするのは、ある状況に存在する無数の特徴のうち、自分たちにとって有意義と考えられる点を、一部は意識的に、また一部は無意識的に評価しているからである。

キャサリン・グラハムがペンタゴン・ペーパーズに関する自らの決断を振り返ったとき、彼女はある重大なことを思い出した。彼女はこの決断をめぐる双方の言い分に再度耳を傾けていたが、あるちょっとしたことが彼女の注意を引いた。掲載反対派の1人、フレデリック・〝フリッツ〟・ビーブは弁護士であり、『ワシントン・ポスト』の取締役会議長を務め、グラハムの最も親密なアドバイザーの1人でもあった。以下は決断を下す前の最後の瞬間についてグラハムが述べたものである。


私はフリッツに彼自身の見解を尋ねました。彼は編集者的な判断力も併せ持ち、穏当な発言をする人物だったので、彼の返答は信頼できると思ったからです。「私ならおそらく掲載しないでしょう」と彼が言ったとき、私は驚きました。

掲載しないだろうというフリッツの発言に、私は非常に困惑しました。彼のことはよく知っていましたし、重要な問題では決して意見が食い違うことはありませんでした。結局のところ、彼は法律家でしたが私は違いました。しかし、私はフリッツの言い方にも気づきました。彼はしつこく繰り返すこともなく、掲載することに伴う問題を強調することもありませんでした。そして、私がこの決断で会社全体を危険にさらすことになるという、分かりきったことも言いませんでした。彼は単純に、自分ならおそらく掲載しないだろうと言っただけでした。私はフリッツが述べた意見とは裏腹に、彼は私が別の道を選べるようにドアを開けておいてくれたのだと感じたのです[7]。

ここでグラハムは一瞬の観察内容を強調している。たった1つのフレーズとその言い方が、彼女が聞き、考え、感じていた他のすべての要素から浮き上がってきたのだ。ビーブが「おそらく」と言ったことに気づいたのは、グラハムだけだったかもしれない。ビーブ自身は気づいていなかったかもしれない。しかし、精巧なモザイク画の中の一枚のタイルにすぎないこの微妙な要素が、グラハムの注意を引いた。彼女の心はどういうわけか、いつも行っている議論の中身ではなく、その背後にある信念の深さに引き寄せられたのである。

ビーブが躊躇していると自らが解釈したことに気づいたグラハムは、ペンタゴン・ペーパーズに関する最初の記事を掲載すること、しかも翌朝に掲載することにイエスと主張する決断を下した。彼女がこの決断を下したのは、フリッツ・ビーブが「おそらく」と言ったからではなかった。グラハムが後に説明したように、彼女には最高経営責任者（ＣＥＯ）として、組織のリーダーとして、アメリカ合衆国憲法修正第１条に記述された出版社の義務（訳注：言論出版の自由）を強く信奉する者として、そしてもしかすると一族の遺産の継承者として、掲載にイエスと主張する強い理由があった。しかし、どういうわけか、彼女にはうまく説明できなかったが、ビーブのためらいという些細な要素が浮き上がって彼女が下すべき決断を照らし出し、形作ったのである。

ジョー・ギフォードは、後に自分の決断を同じような方法で説明したが、彼が強調したのは単一の要素ではなく、詳細な要素のパターンであった。

私たちにはあの老婦人と子どもたちを守る義務のようなものがあると感じたのです。結局のところ、それに尽きます。これは、罪のない人々を守るという私たちの責任の範疇に入ることだと感じたのだと思います。ある意味では、そのために米国はイラクにいるのだとさえ感じました。

マクマスター大佐は、派遣期間を通じて反乱の鎮圧に重点を置き、基本的に反乱軍から人々を守るということこそが私たちが遂行する事項だと将校団が真に理解できるようにしました。このことは、我々の任務に対する私の理解に深い影響を及ぼしたと思います。

ギフォードの視点に立てば、本当に重視すべきは、老婦人と幼児たちであり、彼らが直面している重大な危険であり、反乱兵から罪のないイラク人を守るという彼の任務に対する解釈であった。

ギフォードが、自分が冒した個人的な危険や、彼を助けた兵士たちの危険、彼の小隊に起こり得る危険、彼が兵士たちに示したのは勇気か無謀さかという問い、老婦人が被害者ではなく共犯者であるという重大な可能性について言及しなかったことに注目してほしい。これらの検討事項は背景情報であって最も考慮すべき事項ではなかった。

ギフォードの視点は、状況を必然的かつ客観的に評価するものではなかった。事件から数年後のインタビューで、彼は他の少尉なら異なる決断を下したかもしれないことを認めた。そして、このような状況に対する普遍的な方針のようなものを策定するのは難しいだろうと付け加えた。彼曰く、「微妙な違いがあるものを拡大して適用することはできない[8]」という理由からである。

なぜギフォードはそのように状況を判断したのか。なぜ彼は、「女性と子どもたちを守る義務」という最優先の義務を負っているという考えに導かれたのか。私たちはこのような問いに答えることができるし、また、答えようと試みるべきである。ただし、自分たちの説明に対しては謙虚な姿勢であるべきだ。個人の道徳的知恵に頼って決断を下すとき、私たちは熟慮しながらも不可解なことを行っている。私たちの解釈には、自らの人生に深く根ざしたその他の捉えにくい影響と連動して、決断を下す際に私たちが考え感じる事項が反映されている。

例えば、ジョー・ギフォードはワシントンDCで育ち、母親は弁護士として働き、父親は地元の公立高校で教鞭を執っていた。ギフォードの父親は教師になる前、ベトナムに2度従軍し、陸軍で24年のキャリアを積んでいた。ジョーの兄はウェスト・ポイント（米国陸軍士官学校）の卒業生である。ギフォードは高校で優秀な成績を収め、運動も得意だった。この成功は両親が植えつけた強烈な競争心のおかげだと彼は語る。「子どもの頃、両親は私が負けても慰めてはくれませんでした。彼らは、私に全力で取り組む姿勢を学ばせることが重要だと感じていました。失敗するという選択肢はなかったのです」と、彼は振り返る。

ギフォードは両親の人間関係にも影響を受けた。あるとき、両親はあるカンボジア難民の身元引受人となり、彼を家に迎え入れた。これは父親がベトナム滞在時に築いた東南アジアの人々との絆を反映していると考えられた。ジョーは成長するにつれて、自分の黒人の名づけ親とも強い関係を築いた。この名づけ親はジョーの父親とともにベトナムに従軍した人物だった。米国の公民権運動における彼らの体験談は、ジョーの胸に深く刻まれた。特に、彼らが「マイノリティに気を配ること」を深く気にかけていたことがジョーの記憶に残った。

17歳のとき、ギフォードはウェスト・ポイントに入学を許可された。「最終的に陸軍に入隊する決断をしたのは、人生で他に何も成し遂げられなくても、少なくとも、自分より崇高なもののために多少の時間を費やしたと思えるからです」。ギフォードはウェスト・ポイントで成功を収めた。彼は学業成績、軍事的能力、体力においてクラスの上位5％に入り、優等生として卒業した。卒業式では、父親がジョーの制服の両肩に少尉の肩章をピンで留めた。ギフォードは、自分が一家の奉仕の伝統を受け継いでいることを家族が深く誇りに思っていると知っていた。彼らはまた、神がこの先ジョーを安全に守ってくれるように祈った。

ギフォードは自分の小隊がイラクに出立した日のことをはっきりと覚えていた。大勢の親、夫、妻、子どもたちが兵士たちと最後の数時間を過ごしていたが、ギフォードは幾人かの兵士とその配偶者が大変若いことに気づき、彼らを無事に帰還させる強い責任を感じた。

タッル・アファルでの任務を開始したとき、ギフォードは小隊のために自分ができる準備を万全に整えたと感じていた。しかし、彼らがタッル・アファルに到着する前日、市内をパトロール中の米兵が狙撃兵に殺されたという事実に部隊の全員が動揺していた。ギフォードは兵士たちが怯えていることを知っていた。「誰もがリーダーシップを求めている」と、彼は感じた。「立ち上がってすべきことを教えてくれる者を誰もが探していました」。

老婦人と2人の子どもを救出するというギフォードの決断は、彼の人格形成初期の経験と、あるべき兵士、指導者、人間でありたいという個人的な願望を反映し、表していた。ギフォードは与えられた任務を完遂し、部下たちを守り、他の弱い人々を守る兵士になりたかった。これを基準に生きることは、彼の家族の伝統、ウェスト・ポイントでの訓練と理想、そして「マイノリティへの配慮」という名づけ親の戒めに従うことになるだろう。ギフォードにとって3人のイラク人の窮状を無視することは、個人的に重大な失敗のように感じられたのかもしれない。

ギフォードの人生におけるこうしたすべての側面が、最終決定の瞬間に本当に重要なものは何かに関する彼の見方を形作った。本当に重要なものについての彼の解釈は、彼の経験と人格というプリズムの屈折を通して必然的に導かれた結果であった。

このことはまた、彼の部隊長、コリンズ一等軍曹、そして部下の兵士たちにも当てはまった。例えばギフォードは、兵士がさらされる危険と老婦人が共犯である可能性にコリンズ一等軍曹が焦点を当てたのは、彼が長年受けてきた米軍の伝統的訓練の影響が大きいと考えた。それは民間人の支持を得るために実施する反乱勢力の鎮圧作戦よりも、敵との戦いに重点を置くものだった[8]。

米国の優れた哲学者であり、心理学者でもあったウィリアム・ジェームズは、地味だが示唆に富む書き方をする才も持っていた。ジェームズはかつて、「人間が蛇のように這い回った（主観性の）**痕跡**は、あらゆるものの上に残っている」と述べた[9]。はっきりさせておきたいのは、ジェームズは私たち一人ひとりが異なる現実に閉じ込められていると示唆したわけではなかったということだ。そうではなく、私たちは一人ひとりが身の回りで遭遇する異なる特徴やパターンに適応し、それがまた、異なる思考や感情、意義を呼び起こすのである。この現実は、私たちの個人の道徳的知恵を理解し、それをうまく活用する上で重大な意味を持つとともに、深刻なリスクをも生み出している。

2・5　自己中心的な状況設定

個人の道徳的知恵は、必然的に**個人的なもの**である。ジョー・ギフォードの表面的にはイエスかノーかに見える決断のように、単純に見える状況でも、その表面下には深刻な複雑さが潜んでいることがある。リーダーシップが問われる場面は、マトリョーシカ（ロシアの入れ子になった人形）に似ている。1つの複雑さを調べていくと、別の複雑さが見つかってしまう。複雑さの中には客観的現実もある。ある状況を見ている人の大半が、一定の基本的事実と、下さなければならない重大決定に関しては同意するだろう。

しかし、私たちは難しい決断を客観的に見ることはない。個人的に、つまり主観的に見るのだ。私たちは必然的に解釈をし、意識的にも無意識的にもそのようにする。その結果、難しい決断を下すときに、私たちはその状況のある特徴が他のものよりも重要だと言うことになる。物事を見るときもそうだ。これが、「私たちは世界を、世界があるがままに見ているのではなく、私たちのあるがままに（条件づけされたままに）見ているのだ」という格言[10]の背後にある洞察である。

しかし、ある状況に対する客観的な視点と主観的な視点を融合させる私たちの独特で個人的な方法が、最終的なもの、あるいは正しいものであると考えるのは重大な間違いだろう。私たちの個人的な視点は、非道徳的であったり、自己中心的であったり、倒錯的であったり、邪悪であったりする。16世紀のフランスの随筆家、ミシェル・ド・モンテーニュは「私はこの世に、私自身より明らかな奇跡も怪物も知らない[11]」と述べ、この問題を見事にかつ簡潔に言い表していた。だからこそ、本当に重要なものは何かを問い、この問いにできる限り慎重に答えることが、個人の道徳的知恵に頼るための最初の一歩（ただし最初の一歩でしかないが）となるのである。

注と参考文献

1 この状況の説明内容は次に基づく。Badaracco Jr., Joseph L., Richard Burgess Jr., Robert Carpio III, William Wheeler. 2012. Gifford in Tal Afar, Iraq (A) and (B), *Harvard Business School Publishing* Case numbers 9-311-085 and 9-311-086

2 Nietzsche, Friedrich. 1968. *The Will to Power.* Trans. Walter Kaufman. New York: Vintage

3 Storr, Anthony. 1989. *Freud: A Very Short Introduction.* Oxford: Oxford University Press

4 これは複雑で難解なトピックであり、科学や哲学の分野でのコンセンサスは存在しない。科学者でない人向けの、本分野における深遠な研究概要として次のものがあげられる。Gholipour, Bahar. 2019. A Famous Argument Against Free Will Has Been Debunked. *The Atlantic.* https://www.theatlantic.com/health/archive/2019/09/free-will-bereitschaftspotential/597736/, Kubota, Taylor. 2021. Stanford Researchers Observe Decision Making in the Brain – and Influence the Outcomes. *Stanford News.* https://news.stanford.edu/2021/01/25/watchingdecision-making-brain/. より学術的なものとしては次がある。Vartanian, Oshin and David R. Mandel (editors). 2011. *Neuroscience of Decision Making.* New York: Psychology Press.

5 Nietzsche, Friedrich. 2014. *Human, All Too Human: A Book for Free Spirits.* Heritage Illustrated Publishing

6 Whitman, Walt. 2005. Song of Myself. In *Walt Whitman's Leaves of Grass,* 43. Oxford: Oxford University Press

7 Graham, Catharine. 1998. *Personal History.* New York: Vintage

8 「ジョー・ギフォード」のインタビュー（2022年9月8日）内容に基づく

9 James, William. 1991. *Pragmatism.* Buffalo: Prometheus Books

10 この格言を生み出した人物には、フランス系アメリカ人のアナイス・ニン、米国の著述家で基調講演を請け負うビンガム・

コヴィ、ドイツの哲学者であるイマヌエル・カント、その他無名の数多くの作家たちとともに、タルムード（訳注：ユダヤ教の宗教的典範）などの説がある。しかし、正確な由来は不明である。次を参照。Quote Investigator, June 18, 2020. https://quoteinvestigator.com/2014/03/09/as-we-are/

11　この文章の翻訳は、ヘンリー・ハズリットによるもので、次に掲載されている。Owen, John. 1898. *The Skeptics of the French Renaissance*. New York: MacMillan & Co.

第３章

深夜の危機
私の責任はどのようなものか

リーダーシップが問われる場面では、自分の責任を明確に認識している必要がある。私たちは、複雑かつ不確実な状況を打開し、自分が何に責任を負っているかを示してくれる明確な基準を求めている。古代演劇の演出家が「デウス・エクス・マキナ（機械仕掛けの神）」（訳注：演劇における演出技法の1つ）と呼んだ絶対的な存在に頼ることができれば言うことはない。劇中で話がもつれてどうしようもなくなったときに、神のような存在がクレーンで吊られて舞台に降り立ち、すべてを解決してくれるというものだ。しかし、人生や仕事の難しい場面でこのようなことは起こらない。実際には、自分の責任について考えると、2つの厄介な現実に直面することになる。

第1に、どれほど単純明快な状況を望み、客観的に対処しようと思っても、複雑で微妙な状況に陥り、主観的にならざるを得ないことは多い。第2に、リーダーシップが問われる場面で最終的な決断を下すとき、私たちは自らの責任を定義することによって責任を明確にする。上から立派な舞台装置が降りてきて私たちを救ってくれるわけではない。ジョー・ギフォードやキャサリン・グラハムに突きつけられた決断のように、仕事や人生に関するきわめて難しい問題には複雑な責任が伴い、私たちには決断とコミットメントという重い負担がのしかかる。

その理由の1つは、落とした財布を拾う状況とはまったく異なる、リーダーシップが問われる場面の複雑さにある。しかし、根本的な課題は、責任そのものの複雑さである。誰でも「責任」という言葉を頻繁に使うものの、実際のところこの言葉は、理想、倫理原則、ルール、道徳的指針、規範、美徳、職業的義務、善行と悪行の手本、知恵、宗教的禁忌、正しく生きるためのありふれた格言など、実にさまざまな意味を包含している言葉である。責任という言葉に対する意味合いは、人間という複雑な生き物が多種多様な問題、不確実性、課題を切り抜けるための指針として、数千年にわたり発展してきた。つまり、責任の複雑さは、私たちを取り巻く環境と私たちの内面の複雑さを映したものなのである。

第2の根本的な問い、「私の責任はどのようなものか」は、わずかな文字数で表現できるが、厳しく複雑な問題に対処しようとするときにこの問いに答えることはきわめて困難である。どのように責任の優先順位をつけるべきか。個々の具体的な状況やその微妙な違いに応じて、責任の意味をどのように定義づければよいのか。責任に対する個人的な定義が正しくかつ信頼し得るものかどうかを、どのように確かめればよいのか。言い換えるなら、道徳相対主義に陥る危険をどのように回避したらよいのか。

これらの問いに答えるため、10億ドル規模の合併案件を担当したことのある若い弁護士の話を紹介したい。あと少しで取引成立というところで、彼女は重大な問題と思われる事象を発見し、自分の責任を明確にする必要に迫られた。彼女の奮闘は、責任を定義することの難しさとリスクを私たちに教え、適切に対処するための指針を与えてくれる〔1〕。

3・1　あなたはどう思いますか

弁護士のアリシア・テイラーは、ニューヨークの権威ある法律事務所のパートナー弁護士を目指してまい進し、M&Aを担当していた。事務所の重要なクライアントの1社である大手メーカーが事業の一部をより大規模な企業に売却しようとしていた。投資銀行担当者、弁護士、会計士、執行役員のチームで数カ月かけて取引を最終的に取りまとめる段階に至った。クロージングを翌日に控え、署名が必要な大量の文書が用意され、取引を実行するための電信振替の準備が整い、州政府と連邦政府の規制当局による認可を取りつけ、関係者全員が取引の成立を心待ちにしていた。というのも彼らはこれまでこの取引に全力を注いできたし、クリスマス休暇が始まろうとしていて、年末の賞与にはこの取引の成功も反映されるという状況だったからである。

クロージング前日の午後9時、テイラーはある問題に気づいた。「表明保証」（訳注：契約対象物に係る事実関係、法律関係について、ある時点での真実性、正確性を表明し、保証すること）に不備（訳注：ある表明保証事項が記載されていなかった）があったのだ。一般的に、この種の取引には大量の表明と保証が付き物である。これらは企業の状態（訳注：事実関係、法律関係）に関する法的強制力のある中立書である。取引文書に何らか不備のある記述があり、それをデューー・デリジェンス（買収監査）によって発見できなかった場合に、その影響から当事者を保護するものだ。特に重要な表明保証事項に不備があった場合、取引全体が破綻することもあり得る。そこまで重要ではない表明保証事項でも不備があれば、取引成立後に高額訴訟の火種となり、取引に関与した法律事務所の評判に傷がつくおそれがある。

表明保証事項に含まれていなかった部分は、毒性のある化学物質や廃棄物によって汚染されたことのある工業用地を開示するものだった。取引の開示書類には他の工業用地については掲載されていたが、この土地はなかった。この土地やそこに潜在する危険性について、テイラーはそれ以上の情報を持っていなかった。

テイラーは、この問題をクライアントの法務顧問に伝えることを決めた。理想を言えば、事務所のシニアパートナー弁護士にこの問題への対処方法についてアドバイスを求めることができるとよかったのだが、そのような時間はなかった。そうするには、このような案件に詳しいパートナー弁護士を探し出し、そのパートナー弁護士から他のクライアントとコンフリクトが生じた際に事務所がとった解決プロセスを伝授してもらい、その後彼女が詳しい状況説明を行う必要があった。この案件を監督していたパートナー弁護士のフランク・ビンガムに連絡するという方法もあったが、ビンガムはオーストラリアで休暇中であり、連絡をとるのは難しいとテイラーに告げていた。これがビンガムのミスだったのか、それとも大型案件の取りまとめを任せることで彼女のスキルを試したいと思っていたのかはテイラーには分からなかった。

テイラーがクライアントの法務顧問とその部下2名に問題を説明したところ、法務顧問は怒りといらだちから悪態をついた。取引の成立も、また彼の評判もいまや危機的状況にある。法務顧問が落ち着いたところで全員が問題について話し合い、法務顧問はテイラーに向かって言った。「本件が重大なものなのかどうか分かりません。確かに新しい情報ではありますが、私たちは多数の工業用地を開示しており、工業用地に関する懸念事項を全体として取り上げてはいます。この件を特記しなかったからといって問題視すべきことなのかどうか分かりません」。そしてまっすぐテイラーを見て「あなたはどうすべきだと思いますか」と尋ねた。テイラーは「少しだけお時間をください。分析してからお答えします」と返答した。

3・2　道徳の単純化の誘惑

テイラーが求めたのは道徳の単純明快さであり、この状況における自己の責任を明確に理解することだった。私たちにもよくあることだが、自分の責任が分かれば何が正しくて自分が何をすべきかも分かるはずだ。正しいことを通すことが現実に適合しなかったり、または困難であったりリスクが伴ったりする場合には、特に道徳の明快さが重要である。道徳の単純明快さは、私たちを鼓舞するときもある。私たちは、コミュニティーや社会にとって明確な道徳的ビジョンに、ときには多大な個人的犠牲を払ってでも忠実であり続ける人を尊敬する。国内で、あるいは世界的に評価されるのはそのうち一握りの人々だけである。その他多数の人々は無口なリーダーであり、その日常生活によって、正しい行いをするとはどのようなことかを明らかに体現している。例えば、テイラーの父は黒人ジャーナリストの先駆けとして公正な扱いを求めて戦ってきた人物であり、早い時期から自動車の安全性を強く訴えてきた人物でもある。

法務顧問に尋ねられたとき、テイラーは即座に直感的に正しい答えを出せればよいのにと思った。状況が違っていれば――少数の疑いようのない事実と、唯一の明確で最も重要な責任というものが分かっていれば――彼女の単純なモラルコンパスは何が正しいかを指し示してくれたはずだ。ところが、現実はそうではなく、テイラーは道徳を単純化したいという誘惑にあらがう必要があった。難題に対し道徳の単純化を期待するのは、イギリス人の言う虚しい期待（snare and a delusion）である。

例えば、私たちは複雑な責任が絡む決断に直面するが、その責任に取り組みたくはないときがある。このような場合、道徳の単純化は手軽な逃げ道になる。最初に強く感じた本能的な善悪の評価に固執し、自身の良心、価値観、あるいはモラルコンパスに基づいて自分の責任を明らかにすることができたと自分にも他人にも説明することができる。

私たちは、道徳の単純明快さに魅了されることもある。力強くシンプルな心からの道徳的発言を聞いたり、自らそのような発言をしたりすると、私たちの脳は幸せホルモンに浸るらしい。実際、このような傾向は人の進化に深く根ざした本能なのかもしれない。人類以前の祖先は、戦うか逃げるか、我々か彼らか、善か悪かという二者択一の世界に生きていた[2]。立ち止まって複雑さに取り組もうとする生物は、動物や敵や毒虫の餌食になり、その遺伝系列は途絶えることになる。一方、本能的に即座に決断し、そうすることに快感を覚える生物は、生き延びて繁殖する確率が高く、やがて人類へと進化したのかもしれない。

しかし、なぜ道徳性や責任は単純な方がよいのだろうか。私たちの周囲と内面のほぼあらゆるものは、きわめて複雑で微妙である。私たちが知っている宇宙は、何十億もの恒星で構成される1兆個の銀河と、それらを取り巻く巨大なガス雲と広大な暗黒物質によってできている。私たちの細胞生物学は驚くほど複雑である。私たちと他人やコミュニティーとの関係は、感情、規範、依存関係、交流、コミットメントが網の目のように入り組んでいることが多い。

テイラーにとって、そして難しい問題に直面するすべての人々にとって、責任は何層にも複雑に重なり合い、多くの場合、微妙な要素を含んでいる。そこには、文化も伝統も異なる無数の人々が数千年にわたり、計り知れないほど多様な状況の中で自分の責任を理解しようとしてきた経験が反映されている。中には、才気にあふれ洞察力に優れ、思いやりをもって人間を観察する人々もいる。また、日々の難題に対処するために正しく責任ある方法を見いだそうとしている普通の人々もいる。

アリシア・テイラーにとっても私たちにとっても課題となるのは、道徳の複雑さというゴルディアスの結び目を断ち切る（訳注：誰も解決できない難題を解決する）たった1つの原則を見いだすことではない。課題は、私たちの責任の全体像を理解し、どれを最優先とすべきかを決断することである。それはアリシア・テイラーの課題でもあった。彼女の課題は、責任を負うかどうかではない。表明保証事項に含まれていないという事態に伴う複雑さと不確実性を考慮し、どのように責任を負うかである。

この課題は、法務顧問が質問した瞬間に彼女の前に立ちはだかった。彼が本当に尋ねたいこと、または言いたいことは何だったのだろうか。本当に彼女の専門家としての率直な判断を求めていたのだろうか。それとも、今自分が述べた見解に賛同するよう求めていたのだろうか。重要なことはニュアンスであり、そのニュアンスに関するテイラーの個人的解釈である——フリッツ・ビーブが「おそらく」と言った意味を、キャサリン・グラハムが解釈しなければならなかったように。ここでテイラーも根本的な問いに直面することになった。法務顧問に対する、クライアントである企業に対する、真実に対する、そして自分自身に対する責任とは何か。

複雑な状況の中で自分の責任について考える際に役立つ方法の1つは、メタファーによって単純化することだ。飛行機で移動して帰宅するという体験について考えてみよう。フライト中の最高高度から見るとき、車で空港から移動するとき、または家に帰って落ち着いたときのいずれの視点から見るかによって、責任には何通りかの基本的な型がある。この3つの視点によって、アリシア・テイラーに、そして私たちにもしばしば突きつけられる責任の複雑さについて、まったく異なる見方が生まれる[3]。

３・３　非個人的で普遍的な責任

飛行機が降下を始める前に窓の外を見ても、遠くへ広がる陸地か海、さらに川や山といった大きな地形ぐらいしか見えない。夜なら街明かりのきらめきが見えるかもしれない。３つの幅広い倫理的視点に対応するこのように広範囲を見渡す視点を、非個人的で普遍的な責任と呼ぶことにする。３つの視点はすべて次の１つの問いに対する答えである。難しい決断を下すときに、気質、状況、文化に関わりなくすべての人々が負うべき普遍的な責任はあるのだろうか。

この問いに対する答えは、まさに「大局的」思考である。人の思考の中でも最高高度から責任を俯瞰するものだ。中でも代表的なものは、私たちが直面するすべての難問に対する唯一の基本的指針が存在するという考えである。１つ１つの選択肢を吟味した上で、どれが「最大多数の最大幸福」につながるかと問う[4]。何をもって「最大幸福」とするかという点については人間が価値を見いだすあらゆるものが含まれる。この考えによると、難しい決断に向き合うときの私たちの責任は、選択に伴う害やリスクを差し引いた上で、最大限の善をなす可能性の高い選択肢を選択することである。

このアプローチは数値化することができない。自分の判断を伴わねばならないため、間違えることもある。しかし、あなたには周囲の人々に対する義務を果たす責任がある。テイラーの場合、それはあらゆる関係者――クライアント、自分の事務所、取引に関与するその他の関係者、工業用地により危険にさらされる人――に対して最良の選択をしようとすることを意味する。

この視点に対する自然な反応は、「当然のことだ」となる。つまり、本当に他の人々のことを気遣うなら、責任に対する考え方など他にあるはずもなく、またあるべきでもない。私たちの決断によるすべての結果について注意深く責任をもって考えるのは当然のことのように思える。したがって、この原則は難しい決断を下す際の唯一の決定的基準ではないのだろうか。

答えはノーである。その理由はすぐに分かるはずである。責任について広い視点から全体を捉える見方はもう1つある。その基本的な考え方は、すべての人々には従わなければならない客観的道徳律があり、それによってどのような行動が本質的に正しく、どのような行動が本質的に間違いであるかが分かるというものである。結果がどうであれ、この正否が変わることはない。つまり、道徳律が最も重要であり、結果は二の次なのである。

例えば、健康な人を路上で強引に連れ去り、麻酔をかけ、手術室に運び込み、意思表示のないまま臓器提供させることは間違いである。たとえ、それによって多くの命が救われるとしても、だ。他人を奴隷にし、「私の奴隷は幸福な奴隷だ」という米国の奴隷所有者らの弁明を持ち出すことは間違いである。軍事目標を達成するために市民を無差別に殺傷することは間違いである。

日常生活の中で嘘をついたり、人をだましたり、物を盗んだりすることは、たとえ結果を差し引きしてプラスの効果があったとしても間違いである。

何世紀にもわたり多くの哲学者、政治思想家、神学者がこの見方を肯定してきた。例えば、主要な宗教の伝統的教義では、神に許されているか、罪とされているかによって行動が正しいか間違いかを教えている。キリスト教の伝統では、十戒により何が正しく何が間違いかを信者に伝えている。道徳哲学者の多くは、あらゆる人は尊厳と尊重の念を持つべきだと説いている。著名な政治思想家の多くは、万人が基本的人権を有し、すべての人はそれらの人権を尊重する義務を有すると語っている。

この２つの基本的な倫理原則を適用すると、アリシア・テイラーのケースはどうなるだろうか。答えは、どちらも道徳を明快にするための近道にはならない。むしろ、２つの原則により彼女の状況における道徳的複雑さが明らかになる。例えば、結果を重視するとしたら、テイラーは次の問いに答えなければならない。どの結果を重視すべきか。誰に関する結果なのか。長期的な把握しづらい結果と直近の数値化できる結果を同じように扱うべきか。実現する確率は高いが影響の小さい結果と確率は低いが影響の大きい結果についてどのようにバランスをとるべきか。

一方、テイラーが権利と義務という観点で考えるとしたら、次のように問うべきである。彼女のクライアント、事務所、買収側の企業、工業用地の近隣住民など、どの関係者がどのような権利を持っているのか。これらの関係者それぞれに対し、彼女は具体的にどのような責任を負っているのだろうか。

2つの崇高で普遍的な原則は複雑さを生み出し、明確な答えは出てこない。そのため、私たちは難しい問題に直面すると、2つの普遍的な原則を無視したい気持ちに駆られる。いずれの原則も道徳哲学の奥深い問いを提起し、それによって私たちは概念上の落とし穴にはまり、タール坑の底で死滅した古代のサーベルタイガーのようにそこから抜けられなくなる。テイラーの課題は、法務顧問の質問に答えることであって、応用道徳哲学の学位論文を執筆することではない。

とは言え、この2つの普遍的原則を無視することはまず考えられない。力を持った人々が何もかも決定し、その決断が他人に及ぼす結果や自分の根本的な道徳上の義務に注意を払わないような世の中に暮らしたいとは誰も思わないだろう。結果と道徳上の義務には、必要不可欠な兵士のような役割がある。責任ある決断という領域周辺の国境地帯を守り、越えるべきでない境界線を定めている。

テイラーの責任についてはもう1つ、第3の根本的、非個人的な見方があるため、さらに責任は複雑である。その見方とは、役割に伴う責務に関するものである。つまりそれは、誰もが社会の中で特定の役割を引き受けたときに果たすべき責任を指す。医師になることを選んだとしたら、患者に対する一定の責任を引き受ける。会社経営者であれば、株主と会社に対する受託者責任を負う。親は子どもに対する責任を負う。そしてテイラーは弁護士として、クライアントの最善の利益のために尽力する重大な責任を負っていた[5]。

しかし、残念ながらこのアプローチも、テイラーが直面する複雑な状況を切り抜ける道を開いてはくれなかった。彼女がクライアントに対し、最善の法律的判断を提供する責任を負っていたことは明らかだ。しかし、その判断とはどのようなものか。テイラーとクライアントが不足している表明保証事項について何も対処せず、取引成立後にそれが明るみに出れば、クライアントは損失と罰金について賠償責任を負う可能性がある。一方、彼女またはクライアントが新しい情報を開示した場合、買収企業が取引から手を引くか、再交渉を試みる可能性がある。

さらに、テイラーは自ら問題を買収企業に開示することはできない。このため、彼女がクライアントに開示を勧め、クライアントが開示しなかった場合には、彼女の責任に問題が生じる。テイラーは意見の相違を説明する文書を記録に残すこともできるが、訴訟になった場合にそれが自分と事務所を守ってくれるだろうか。

テイラーにもっと分析し熟考する時間があれば、非個人的責任に関する考察を進めることはできただろう。しかし、それもある程度までのことだ。彼女は結果について、自分の基本的な道徳上の義務について、そしてクライアントに対する職業上の義務についてもっと集中して考察することができただろう。しかし、責任に関するこれらの視点のいずれも、何が正しいのかを示してはくれない。テイラーは、クライアント、買収企業、この取引の状況について、この不足した表明保証事項に関する事実と不確実性を考慮した上で、何が正しいかを決断しなければならない。

しかも、テイラーに突きつけられた課題はそれだけではなかった。高い位置から俯瞰するのではなく、結果や道徳上の義務、役割に伴う責務以外にテイラーの身近なコミュニティーに対する責任について考えると、ほかにも深刻かつ複雑な問題が見えてくる。

3・4　身近なコミュニティーに対する責任

空港を出て帰宅するところを想像してみよう。町を車で走っていると、オフィス、ショッピングセンター、教会、病院などが見える。これらの建物やその中にある組織は、責任に関する別の基本的な視点、すなわち身近なコミュニティーに対する責任を表現している。アリシア・テイラーが決断を下したとき、何よりも重要だったのは彼女にとって身近な3つのコミュニティーである。第1は両親とのごく幼い頃からの深い絆である。第2はそれより緩やかで大規模で多様なアフリカ系アメリカ人のコミュニティー、第3のコミュニティーは自分の所属する事務所である。

身近なコミュニティーにはさまざまな形があるが、そのほとんどに3つの特徴が備わっている。1つ目は、メンバーが共通の歴史を持っている場合が多いことだ。彼らはエイブラハム・リンカーンの言う「思い出の神秘的な弦」（mystic chords of memory）によって結びついている[6]。2つ目は、私たちがコミュニティーの活動に参加し、他のメンバーに対する支持、尊重、コミットメントを示し、コミュニティーに対するコミットメントを明確に表明することである。3つ目は、身近なコミュニティーのメンバーが将来に対するビジョンを共有し、ともに旅をする感覚を持っていることである。

身近なコミュニティーはすべて人間関係が複雑に絡み合ってできており、それらを構成する要素の中には重大な責任も含まれている。ここで難しい疑問が生じる。身近なコミュニティーの一員として、自分たちの責任をどのように考えるべきか。テイラーが事務所で働き始めて間もない頃のつらい出来事が、彼女に大きな試練を与え、このような関係の複雑さを明らかにした。

テイラーの所属する法律事務所は全米屈指の権威ある事務所で、世界中のクライアントにサービスを提供していた。毎年約１００名のアソシエイト弁護士を新規採用し、会社法、訴訟、税務などを担当する機会を提供していた。テイラーは複雑な企業の意思決定の背景を理解したいと考えていたため、税務を選んだ。これは、音楽業界で上級幹部として働くという長期目標を達成するための準備段階だと考えていた。

最初の2年間、テイラーは税法の基礎を学んで実務に生かした。自分が担当した訴訟で貢献し、上司であるシニア弁護士やパートナー弁護士との関係も築くことができたと信じていた。彼女の業績評価は高かった。ところがある日の午後、税務部門のシニアパートナー弁護士から、ある訴訟について話があると呼ばれたときのことだ。これはそのミーティングに関する彼女の回想である。

いつものような会話をするのだと思って彼のオフィスに入ったところ、彼は椅子の背にもたれかかり、頭の後ろで両手を組んで、両足を机に載せていました。私が腰掛けると、カシミヤの靴下を履いた足が私の目の高さにありました。彼は私を見下ろし、こう言いました。「さて、君らのような人間がこういう仕事をするのにふさわしいかどうか分からんね」。

テイラーはあぜんとした。これまでも人種差別に遭遇したことはあるが、この事務所でこれほどあからさまな態度を見せられるとは思っていなかった。ここでは全員がプロフェッショナルで、高い基準で職務に従事し、同僚のために熱意を注いでいると考えていた。

この出来事のあと、テイラーは、ほかの同僚たちは本当のところ自分についてどう思っているのだろうと自問し、迷い始めた。一瞬、あのシニアパートナーはあれほど露骨な人種差別発言を本当にしたのだろうかと考えさえした。また、すぐに実務上の重要な問題にも気づいた。このパートナーは当事務所での自身の出世に大きな影響を及ぼすはずだ。

翌日、テイラーはこの出来事について両親と長い時間話し合った。彼らも人種差別についてはよく認識しており、自分たちの娘に起きたことの意味を十分に理解していた。途中、テイラーの母親は、アリシアと弟が直面するであろう差別に備えるため、両親としてもっとやるべきことがあったはずだが、子どもたちには人種の壁を恐れずに夢を追ってほしかったと語った。

彼女の父親は、事務所の黒人パートナー弁護士に相談してはどうかと提案した。彼女はその通りにし、例の税務パートナーと会った直後にとったメモを彼に見せた。また、父の勧めで、家族と友人づきあいをしている公民権専門の著名弁護士にも電話をした。彼はたまたまテイラーの事務所のマネージングパートナーと知り合いだった。その後何があったのか、テイラーは詳しくは分からなかったものの、その税務パートナーは数週間後に退職を発表した。

テイラーは既に、キャリア目標のための準備としては税務より会社法の方がよいのではないかと考え始めていたが、人種差別の一件が会社法部門に移るきっかけとなった。そこで彼女はM&Aを専門とした。彼女の努力とスキル、さらにシニアパートナーのフランク・ビンガムによる指導もあって、彼女のキャリアは再び順調に進み始めた。３年が経ち、テイラーは大型案件の責任者を任されるまでになった。

しかし、多くの人々と同様、テイラーもすべてを割り切って生きることはできず、その税務パートナーとの出来事は彼女の仕事にも影を落とし続けた。例えば、彼女が取引の責任者を担当したクライアントとの初期ミーティングで、企業の弁護士や経営幹部が、なぜ彼女がそこにいるのだろうといぶかっているのが分かったのである。テイラーはチームで一番の若手で唯一の黒人であった。その後の会合では、ほぼすべての質問がビンガムに向けられた。彼は最初からこの取引に関わっていたのだから、もっともなことだった。しかし、数週間にわたり会合が続いたあるとき、クライアント企業のシニア弁護士がテイラーにコピーをとってきてほしいと頼んだ。これは通常はパラリーガル（訳注：弁護士のサポートをする専門職）の仕事である。テイラーは、第一印象は相手の思うままにしておいて、後から過小評価していたことに気づいてもらう方がよい場合もあると考え、言われたとおりにした。

テイラーの人間関係は、法務顧問の質問に対する彼女の答えとどのような関わりがあるのだろうか。この問いの厄介な点は、身近なコミュニティーに対する責任は、最大多数の最大幸福のため、あるいは特定の道徳上の義務を守るためといった明確な原則として表せないことだ。もう1つの難しさは、こうした人間関係の網が静的なものではないことだ。身近なコミュニティーの中の人間関係は時間とともに移り変わり、人生における別の地点から見れば、それらに対する認識も異なる。

例えば、テイラーは当初、事務所に感謝していた。彼女を採用し、彼女にとってさまざまな扉を開くであろう仕事を任され、さらに事務所の名前は彼女の履歴書の価値を高めてくれる。しかし、人種に関する偏見の噂が広まっていたにもかかわらず、事務所が例の税務パートナーを上級職へ昇進させたこともテイラーは知っていた。そして、一部のシニアパートナーがスキャンダルになるのを恐れたという理由だけで、事務所は彼を追い出したと考えられる。

テイラーは、事務所内の身近な人間関係についてどのように考えるべきだったのか。一部の弁護士は、彼女は「アファーマティブ・アクション」（訳注：積極的格差是正措置）のおかげで採用されたと考え、彼女の能力を疑問視していたのか。彼女が黒人として、女性として、事務所で成功するためには人並み以上の努力が求められることを彼らは理解していたのか。一方、ビンガムは、彼女をパートナー昇進に向けた新しい希望ある軌道に乗せるために本気で取り組んでいたように思える。しかし、ビンガムについても釈然としない疑問は残る。この取引の最終段階を、なぜテイラー1人に任せたのか。彼女を試そうとしたのか、それとも彼女の将来に対するコミットメントはあてにならないものだったと示したかったのだろうか。

テイラーと両親の関係も変化しており、むしろ逆行していた。両親はいつも物理的にも精神的にも彼女を支えていたが、現在父は腎臓がんによる合併症と闘っていた。そのため、テイラーは2人と過ごす時間を増やすためにリモートワークを始めていた。また、父親に高額な介護費用が入用になるかもしれず、彼女の職位と給与が持つ重要性がさらに高まっていた。

ほかの多くの人々と同じく、テイラーにとって両親との関係は、もう1つの重要なコミュニティーであるキリスト教の信徒集会との関係と絡み合っていた。テイラーの両親は2人とも熱心な信者で、母親はテイラーの信仰心を育むのに重要な役割を担っていた。どの宗教団体のメンバーにとってもそうであるように、このことが別の難題を生んでいた。テイラーは、不足している表明保証事項について決断するに当たり、自分の宗教的な信念と原則が意味を持つかどうか、また、意味を持つとしたら、この状況でそれがどのような指針を示しているかを判断しなければならなかった。例えば、テイラーが「黄金律」に従って人にしてもらいたいと思うことを相手に対しても行おうとするなら、その「相手」が誰なのかを決めなければならない。法務顧問なのか、その会社なのか、自分の事務所なのか、買収側の企業なのか、それとも汚染された土地によって被害を受ける可能性のある人々なのだろうか。

黒人コミュニティーとの関係は、テイラーの人間関係の中で最も難しい一面であった。彼女はアフリカ系アメリカ人のための社会正義について深い関心を持っていた。彼女は自分の父親が、ほとんどの職場で唯一の黒人として厳しい道のりを歩んできたことを理解していた。今やテイラーも、長い伝統のある保守的な大手法律事務所で、自分自身とごく少数の若手黒人弁護士のために道を切り開こうとしていた。しかし、これらの話は法務顧問の質問への答えと関係があるのだろうか。

おそらく、人種に関する問題はひとまず置いておくか、少なくともそうするよう努力すべきだろう。だが、これは本当に人種偏見とは無関係の状況なのだろうか。法務顧問の評判はこの案件の成否にかかっている。取引が頓挫するようなことがあれば、彼のメンツに関わる。だから彼はテイラーに質問をすると同時に、自分が聞きたい答えを匂わせていたのかもしれない。表明保証事項が不足している事実を開示するな、と。法務顧問は、意識していたかどうかはともかく、自分がテイラーより優れていて、テイラーは自分に敬意を表して従うべきだと感じていたのだろうか。彼女に開示する必要はないと言わせて、取引が失敗したときには、誤った助言をした若い黒人の女性弁護士に責任をなすりつけようと思っているのだろうか。

テイラーのような状況で決断を下す場合、私たちはそれぞれ、特定の状況の中で身近なコミュニティーに対する責任を必然的かつ個人的に定義しようとする。その状況の中で本当に重要なものは何かということについては、何通りもの正しい見方がある場合も多い。家族、組織、人種や民族の集団の中でよいメンバーとなる方法は何通りもあるからだ。テイラーは、この状況の中で、自分にとって重要なコミュニティーのメンバーとして、重要な責任に関する決断を下さなければならなかった。ほかの誰も彼女の代わりに決断を下すことはできなかったのである。

３・５　自分自身に対する責任

旅が終わり帰宅したあなたは、静かに座って、この旅の途中で再燃した長年の家族間のあつれきについて考えているとしよう。そして、自分のしたことが正しかったのだろうかと考えている。自分のことは、自分がしたことの結果によって判断することもできる。自分は基本的な道徳上の義務を果たしたのだろうかと自問することもできる。あるいは、責任ある家族の一員として行動しただろうかと自問することもできる。これらはすべて価値ある視点ではあるものの、同時に不完全である。これらはすべて、あなたの他人に対する責任についての多様な考え方を表している。しかし、自分自身に対する責任はどうだろうか。

これは一見、おかしな質問のように思われるかもしれない。責任とは、私たちが他の人々に対して何を負い、どのように対処するかということではないのか。しかし、昔から問われてきたこの2つの質問について考えてみてほしい。よい人生とはどのようなものか。私はどのような人間になろうとすべきなのか。これらは自分自身に対する責任に関する奥深い問いである。

私たち一人ひとりが、言葉にするかどうかはともかく、これらの問いに対する答えを持っているが、その答えは複雑で移ろいやすい。そこには、人生の曲がりくねった道のりを歩むうちに私たちの中で変化し続ける知性、感情、心理の複雑さが反映される。偉大で理性的な道徳哲学者のイマヌエル・カントは、「もともと人間はいわば曲がった木なのであって、そこからは真直ぐな材木を切り出すことは決してできない[7]」として、個人の道徳的生活が複雑で微妙なものであることを認めている。テイラーが後に自身の決断を振り返ったとき、彼女は自分なりの表現で振り返っている。そして、彼女の3つのコメントは、自分自身に対する責任の3つの基本的特徴を表している。

第1に、テイラーは後に「ビンガムは私を信頼して取引の完了段階を任せてくれました。クロージング前夜に彼に連絡をとろうとすれば、私は弱い人間だと思われたでしょう」と語っている。第2に、テイラーは法務顧問の質問について考えていたとき、父親の信念を思い出したという。それは「人は恐怖によって行動することもできるし、愛によって行動することもできる」というものだった。第3に、このエピソード全体を振り返って、あの決断は自分にとって「決定的瞬間」だったとテイラーは語った。

個人の徳。弱い人間だと思われるというテイラーの懸念について、私たちは、つまらない体面へのこだわりだと切り捨てがちである。彼女の目の前には、はるかに重要な問題があったのは明白であった。表明保証事項に含まれていないことによる取引不成立のリスク、適切な法的アドバイスを提供する彼女の責任、２社の重要なクライアントと彼女の事務所の関係である。実際問題として、ビンガムが彼女をどう思うかをテイラーが気にしたのは、もちろん、彼の見解が自分のパートナー昇進審査に決定的かつ重要な意味を持つからである。しかし、テイラーは自分がどう思われるかではなく、何が正しいかを重視すべきではなかったのだろうか。

だが、背景事情を踏まえてテイラーのコメントについて考えてみよう。ほとんどの組織は彼女の事務所と同じで、権力はピラミッド型に配置されており、最高位の役職はその頂点にある。最高役職者は権力、地位、信望、高い報酬のすべてを備えた職務である。才能に恵まれ、労力を惜しまず、政治的手腕に長けた人々が、テイラーの事務所のような一流の組織に入るため必死に競争し、そこから数年または数十年かけて出世しようとするのだ。

中でもそれは、ビンガムがテイラーに任せたクロージングのような重要で強いプレッシャーのかかる仕事をやり抜くことを意味する。そのためには、芯の強さを見せることが重要である。自信にあふれ、進んで責任を引き受け、障壁を乗り越えて高い基準で目標を達成する決意を示すことが重要である。時間をかけて芯の強さを見せる最良の方法は、精神的に強くなることである。テイラーはそのことを本能的に理解していた。彼女の父親は、人種差別に打ち勝ってジャーナリストとして成功し、より安全性の高い自動車の実現に向けて戦うために、自信と決意と強い意志を必要とした。ビンガムがテイラーに任務を与えたとき、彼女は「任せてください」と言ったことを覚えていた。

クロージングの前夜、弁護士、投資銀行担当者、会計士、スタッフの全員が熱気あふれる中で働いていた。誰もが予定通りに取引を成立させるために神経を集中させていた。彼らはこの取引のために何カ月も働き続け、ゴールまであと数歩のところまで来ていた。この状況の中で、テイラーは強く有能であるとともに、そのように見られるようにしなければならなかった。これは単に、かつて英国首相のベンジャミン・ディズレーリが「油を塗った柱（the greasy pole）[8]」と表現したものに率先して登る（訳注：激しい競争を勝ち抜くために多大な努力を払う）ための戦術ではなかった。テイラーは、自分自身に対する責任の基本要素である古典的な徳、特に思慮と勇気に頼る必要があった。

西洋の伝統においては、アリストテレスがこれらの責任に対する根本的な視点を示しており、時代を超えて共鳴する1つの答えである[9]。アリストテレスの基本的な問いは、よい人生とはどのようなものかというものだ。彼の答えは徳ある生き方であり、実際、彼はそのために現在で言う進化的説明（evolutionary explanation）を提示している。アリストテレスはアレクサンドロス大王の家庭教師をしており、大王は彼に、西アジアと北東アフリカの軍事作戦で入手した生物試料を送っている。アリストテレスの徳性に対する見方は、道徳と人間の生物学に関する思考を融合したものである。彼によると人間はある種の生物であり、この種の生物は徳を備えた思考と行動によって繁栄する――つまり、生きがいのある生活を送るという。要するに、私たちは生まれつき徳のある生き方をする責任を持っているのだ。

アリストテレスにとって特に重要な徳は、思慮、節制、正義、勇気であった。この言葉は今では時代遅れに思えるかもしれないが、テイラーは、徳という言葉を使うかどうかにかかわらず、「徳のある」行動をとろうとしていた。彼女と法務顧問の関係は複雑かつ不確実で、権力や人種の問題により影響を受ける可能性があったため、テイラーは思慮深く行動する必要があった。また、心の中では懸念や不安も感じていたが、プロらしく有能で自信を持って行動する必要があった。

古典的な徳は、私たちに真正面から複雑さと個人的決断の負担を強いる。私たちは次のような問いに答えなければならない。この状況において勇気はどれほど重要なのか。思慮と勇気はどちらが重要か。このような具体的な状況の中で、それぞれが意味するものは何なのか。アリストテレスは、これらの問いに答えるための指針を示し、私たちは「中庸（the golden mean）」を求めるべきだと述べている。これは、例えばテイラーの場合、一方では臆病で恐れる自分と、他方では無謀で性急な自分との間でバランスを取ろうとするべきだという意味である。しかし、どこが適正なバランスになるのか。それはテイラーにしか答えられない別の問題である。

アリストテレスの徳に関する一般的な説明は、わずか4つの徳に重点を置いており、実際には個人的な課題を単純化しすぎている。アリストテレスが著した書物には、さまざまな箇所でより多くの徳について書かれており、現在は多くの人がさらに幅広い徳を、人生の心の拠りどころにしようとしている。これには、共感、創造性、マインドフルネス、回復力、友情、ユーモアなどがある。これらはすべて、アリストテレスの道徳哲学に一貫して現れる重要な問いに答える手段である。よい人生とは何か。徳のある人生を送るにはどうすればよいか。正しい決断を下すにはどうすればよいのか。

テイラーのような信仰コミュニティーの一員である人にとっては、個人の性質や個人の徳に関する責任はさらに複雑である。宗教には、開祖、聖人、その他の崇拝される人物といった優れた人物の模範と、その指針となる徳がある。例えば、キリスト教徒にとってそれは信仰、希望、慈善（もしくは信、望、愛）の徳である。テイラーは決断を下すときにこれらの徳を中心に置いて考えるべきだろうか。そうであれば、彼女は今回の状況の中でそれらを解釈し、当てはめなければならないだろう。

確かにテイラーには数分しか決断を下すための時間がなかった。しかし、たとえ数日間考えたとしても、最終的に今回の状況をめぐる事実、不確実性、微妙な意図の観点から、徳を解釈するという個人的課題に向き合うことは同じだっただろう。

個人の基準。テイラーは、どうすべきかを決断しようとしていたときに、父親がよく語っていたことを思い出した。「人は恐怖によって行動することもできるし、愛によって行動することもできる」。多くの子どもたちと同じように、テイラーは両親からさまざまなアドバイスを受けた。しかし、この言葉は彼女の心に深く刻まれており、法務顧問にどのように返答するかを決断しようとするときにふと心に浮かんだのである。では、このケースでどのように考えればよいのだろうか。父の教えは本当に彼女の責任と決断にとって正しく重要な指針になるのだろうか。

１つの答えは、彼女が父から教えられた自身の判断に用いる試金石（個人的基準）は、何にでも当てはまり無意味で月並みだと切り捨てることである。しかし、このアプローチは、私たちの人格を形成し、責任の明確化を助けるというその重要な役割を見逃している。個人の基準は、ほかの人々にとって何を意味するかが重要なのではない。あなたにとって何を意味するかという点が大切なのである。あなたがリーダーシップが問われる場面に直面したときに記憶を呼び起こし、自身の希望を表現してくれるから重要なのだ。

テイラーの場合、父親の言葉は自己認識のきっかけになった[10]。彼女は後に、自分の状況について恐怖を感じていたことに気づいたものの、父親の助言がそれは間違いだと教えてくれたと語った。恐怖は私たちに身をかがめさせる。周囲の脅威に目を向け、それらを払いのける準備をしろと言ってくる。原始的な「戦うか逃げるか」という本能は、私たちの祖先がジャングルやサバンナで生き延びるためには役に立つものであった。しかし、父が与えた指針は、それがマンハッタンのオフィスタワーで複雑な状況を切り抜けるには誤った方法だとテイラーに教えてくれた。彼女にとって「愛」とは、気遣いと思いやりと献身をもって応えたいと思う個人や集団について考えることである。

「マントラ」という言葉はもはや世俗化しているが、東洋の宗教や哲学の伝統では、これは言葉や音声を通して深い真実を表す手段である[11]。アリシア・テイラーのような多くの人々にとって、マントラは個人的基準であり、宗教上の伝統、個人的なロールモデル、人生の経験から得た学びを反映することがある。例として、本書の執筆のためのインタビューで、明晰な思考と明瞭な言葉を持ち経営者として成功している人物に、よく言われる「他人に影響されずに自分の意見や信念を形成する（Think for yourself）」ことがなぜ大切だと思うかと尋ねた。

彼は、大学で最初の学期が終わって家に帰ったときに、4つのAと1つのBを取ったと父親に話した。父親はなぜAを5つ取らなかったのかと尋ねた。この質問に彼は腹を立てた。「私は難しいコースをとって、これだけやれたことを本当に誇りに思っていました。あの瞬間に私は自立して自分で考えなければと思い、権威には、たとえ父親でも従わないと決めました」と彼は述べた。アリシア・テイラーと同じく、彼にとって個人的基準は、ウィリアム・ジェームズがかつて述べた「人生で誠実かつ深い意味を持つ[12]」ものに対する奥深い感覚を表現する手段だったのである。

人格の形成。テイラーは、不足している表明保証事項について決断したときを「決定的瞬間」と考えていると述べた。これは重要な決断をくだけた表現で言い表したわけではない。決定的瞬間は、個人の人格の発達における重大な分岐点である。ほとんどの人々は、自分のキャリアや人生における決定的瞬間を思い出すことができる。それらの決断を細部まで鮮明に思い起こすことができ、そこには不安、後悔、安心、誇りなどの強い感情が伴うことも多い。

決定的瞬間が際立つ理由は3つある。「(自我を）現し（reveal)、検証し（test)、形成する

（shape）」からである[13]。私たちは、育みたい徳や人生を導く基準について確固たる信念を持っているかもしれないが、決定的瞬間にその信念は検証される。私たちは、それが心地よい感傷だったのか、確かな信念だったのかを知ることになる。また、決定的瞬間はさまざまなものを現す。つまり、好むと好まざるとにかかわらず、私たちの人生にはほかの信念やコミットメントも確かに存在するのだと示すことができる。さらに、決定的瞬間に私たちは未来の自己を形成する。不足している表明保証事項について決断を下したとき、テイラーは人生の物語に一文を書き加えたのである。

文書の公表に関するキャサリン・グラハムの決断は、明らかに決定的瞬間であった。彼女自身、家族、『ワシントン・ポスト』に対する彼女の信念、希望、理想がすべて検証された瞬間である。彼女の決断によって、彼女自身とその他無数の人々に対して、彼女の本当のコミットメントが何であるかが現された。さらにこの決断の後、残りのキャリアと人生にわたり、グラハムは公表することを選んだ人物ということになる。ジョー・ギフォードも決定的瞬間に直面していた。彼が家族とウェスト・ポイントから学んだ信念と向上心が試され、個人的なコミットメントが明らかにされた。決断の後、ギフォードは若い大尉となり、部下、上官、自分自身の心の中に、老婦人と2人の子どもを救う決断を下した人物として残ることになった。

しかし、そこに問題はないだろうか。徳、基準、決定的瞬間に対する個人的感覚は、自分自身に対する責任の重要な要素だが、私たちは倫理相対主義——永続的もしくは決定的に正しいことも間違っていることもないという虚無主義的な考え方――の瀬戸際にいるのではないか。英国の諷刺作家であるサミュエル・バトラーは、「カニバリズムは食人風習のある国のモラルである[14]」と述べた。倫理相対主義の世界ではマザー・テレサとアドルフ・ヒトラーを称えることができ、誰もそれを間違いだと言うことはできない。そうであれば、私たちは本当に、リーダーシップが問われる場面で、自分の責任について個人的決断を下せるなどと、本気で言えるのだろうか。

この問いは重要だが、そこには自分自身に対する責任の重要な要素が欠けている。2番目の根本的な問いは、責任が**あるかどうか**を問うている訳ではない。リーダーシップが問われる場面で、自分の責任が複雑で、微妙で、多面的であると認識した上で、**どのように**責任をとり、**どのように**責任に優先順位をつけるか、である。

歴史上、数多に上る立派なあわれみ深い人々がこの問題を避けようと試みてきた。そして唯一の明確で客観的な原則や視点から責任を定義しようとした。しかし、そのようなものはない。そのようなものがあったとすれば、私たちはそれをラミネートカードに記入し、財布に入れておいて、難しい決断を迫られたときに取り出すことだろう。しかし、これまでにあげた誰一人として――キャサリン・グラハムも、ジョー・ギフォードも、アリシア・テイラーも――自分の責任を定義する手軽で単純な方法など持ち合わせていなかった。

責任に関する過去の研究でも、善悪を示す唯一の決定的、客観的な原則は得られなかった。この世では複雑さが優勢であり、せいぜいメタファーによって表すしかない。それは我々が見るところ、善悪を定義するための重要だが発散してしまう長々とした議論である。さまざまな楽器が複雑に絡み合ったテーマを演奏するオーケストラ音楽のようなものとも言える。あるいは、責任とは、法務顧問にどう答えるかを決断したときのアリシア・テイラーを取り巻く状況のように、私たちを取り巻く重要な検討事項――普遍的、非個人的な責任、身近なコミュニティー内の責任、自分自身に対する責任を反映したもの――の複雑な網のようなものと言えるかもしれない。

3・6　テイラーの答え

これはテイラーの返答に関する彼女自身の説明である。

私はクライアントに、「現在このような状況で、私たちはこうする必要があると考えています。こちらを選ぶとこのような結果に、あちらを選ぶとこのような結果になり、起こり得る事態に備えなければなりません」と話しました。

それから私たちは相手方のところへ行き、いくつか問題点を解決して、想定通りの売却価格でクロージングしました。不足している表明保証事項については取得後の注記事項として追加し、後で判明したことがあれば双方が一定の責任とリスクを受け入れる意思を示しました。

テイラーは、後日この答えを出した理由を説明したとき、独特な方法で個人の道徳的知恵に基づき最終的な決断を下したことを明かした。テイラーは、自分のアプローチが誰にとっても正しいかどうかは分からないと明言した。ただ自分には正しかったのだと。

テイラーの決断についての説明は、驚くべき発言で始まった。「私は人のために尽くす人間です。企業は社会のために尽くし、人のために尽くすものだと思います。私にとってそれは愛と奉仕を意味します」。彼女は、ビジネスリーダーたちがめったに「愛」という言葉を使わないことを認めつつも、彼らが重要な決断を下すのは人の役に立つためだと信じていると述べた。

一見すると、このアプローチはまさに理想主義のように思える。妥協の余地がない10億ドルの交渉があと数時間で成立するというときに投げかけられた法律上の専門的な質問にはまったくふさわしくない。しかしテイラーは、その質問を自分の枠にはめることには2つの重要かつ実践的な目的があると信じていた。

まず、そうすることによって、自分の成功に関する狭量で自己中心的な関心事項を払拭できたという。テイラーは、「自分の優先順位を明確に理解したいと思いました。自分のエゴを満たすことは避け、少しの間自分のことは脇に置き、自分の専門家としての責任と、自分が奨めることによって他の人に生じる結果を重視したいと思ったのです」と話した。

これまでも述べたように、ほかの弁護士だったら最優先に考えたかもしれないいくつかの個人的検討事項はあった。彼女を指導する立場のビンガムは、彼女を信頼していたのか、試していたのか、それともないがしろにしていたのか。法務顧問は彼女を対等な立場の大切な法務アドバイザーと見なしていたのか、それとも彼女を見下し、自分の望む決断を承諾させたいだけだったのか。また、不足している表明に関する彼女の助言は、彼女のパートナー弁護士への道にどのように影響するのだろうか。例えば、彼女が有効な解決策を見いだせなかったとしたら、シニアパートナーは「彼女には適切な判断ができない」または「彼女は過剰反応して取引全体を危機にさらしたようだ」と言うのだろうか。それは例の税務パートナーの人種差別的発言と同様の発言である。

テイラーは、これらの事項を考慮して自分の判断を曇らせたくなかったという。だからこそ、「奉仕と愛」という枠の中で助言を組み立てようとした。テイラーはもちろん、自分もただの人間であり、これらの懸念を頭から追い出すことはできないと理解していた。しかし、個人的なリスクと報酬によって判断が大きく歪められることがないようにしたかったのである。

また、テイラーが「奉仕と愛」を重視したのは、それが彼女に難しい問題を乗り越える方法を見つける自信を与えてくれると考えたからである。彼女は「愛と寛容と慈しみをもって行動すれば、最後には何もかも私たちの期待どおりに展開すると信じています」と述べ、次のように付け加えた。

もし私が工業用地やその近隣住民に及ぼす危険という視点で決断について考えたとしたら、あるいは開示しないことによって起こり得る最悪の結果という視点で考えたとしたら、そこには間違いなく愛という要素が入ってくるのです。なぜなら全体について考え、自分より大きなものについて考えることになるからです。

テイラーは、最初に自分の責任の枠組みを決めるこのような方法がよい結果を生む、あるいはクライアントや事務所から支持を得られる保証はないことを理解していた。彼女にとって最悪のシナリオは自分が職を失うことだったが、そのリスクも進んで受け入れる覚悟であった。テイラーは「奉仕するという立場で行動し、それで職を失ったり報酬等を減らされたりするのであれば、おそらくそのような環境にいて、そのような人たちと一緒に働くべきではなかったということでしょう」と述べた。

法務顧問に対する責任についてのテイラーの考え方は、彼女の個人的な生活に深く根ざしている。彼女は両親に教え込まれた信仰に従って生きようとし、父親が示した模範に従いたいとも思っていた。成長するにしたがい、父親が自動車の安全性に対する深い思い入れを説明するのを聞くことが増えた。この問題に対処することが乗っている人の命を守り、自動車メーカーとその株主にとって最良の長期的戦略を推進することにつながると、父親はテイラーに語った。こうした信念があったからこそ、彼は自動車の安全性を追求して長年戦い続けることができたのだ。

「奉仕と愛」に着目したからといって、主張すべきことが判明したわけではない。そこでテイラーは、事務所で最も尊敬され成功している弁護士たちが、どのようにクライアントのために尽くしているかを理解しようとした。それは彼女の身近なコミュニティーの１つにおけるロールモデルだった。テイラーは次のように話した。

私には国内で有数の弁護士たちと接する機会がありました。彼らは本当に素晴らしいメンターであり、私は彼らから学ぼうとしています。何がうまくいき、何がうまくいかないかを学んでいるのです。

最高の法務アドバイザーが行っていることは、取り得るさまざまな選択肢と、それにより生じ得る結果を確実に理解することです。さらに別の要素もあります。法律上の障害があると思われる場合、次の問題は、創造的に思考すること、そして合法的に物事を進めながら大局的な目標を達成する方法があるかどうかを確かめることです。

簡単に言うと、テイラーの最終的な決断を形成した要素は、工業用地の近隣住民に対して個人的に解釈した彼女の責任であり、弁護士としての職業上の責任感であった。また、テイラーは愛と奉仕という観点から決断を形成することにより家族という身近なコミュニティーの一員としての責任を、さらに優れた弁護士を模範とすることにより事務所という身近なコミュニティーの一員としての責任を明確に導き出している。最後に、テイラーは出世第一主義や利己主義という強い誘惑にあらがうことにより、個人の人格を守り、強化したいと考えた。

しかし、彼女は正しい決断を下したと言えるのだろうか。後から判断すれば、彼女は正しかったと言える。取引は無事成立し、表明事項の不足をめぐって訴訟になることもなく、法務顧問は後にテイラーの判断を褒めたたえた。テイラーも自分の決断に満足し、パートナー弁護士への道のりでまた1つ試練を乗り越えたと思った。

とは言え、決して成功する保証があったわけではないことを彼女は知っていた。法務顧問が彼女の助言を聞かず、開示しないと決める可能性もあった。さらに悪くすると、「取引に対する重大な悪影響が生じる事項が判明した場合、訴訟になり、ある人は証人になり、ある人は職を失い、ある人は専門家としての評判を傷つけられ、悪循環に陥ってしまいます」とテイラーは語った。

テイラーは個人の道徳的知恵に頼って無事に地雷原を渡り切った。しかし、どうしてそれができたのか。一生懸命努力すれば運が味方するといった格言はいくつもあり、それは実際のところ真実かもしれない。しかし、責任ある実践的な決断を下し、わずかでも世界をよりよい場所にしたいと思うなら、努力するだけでは不十分である。努力は必要だが、それで十分な訳ではない。

リーダーシップが問われる場面では、本当に重要なものは何か、自分の責任はどのようなものかを個人的に明らかにしなければならないが、それだけでは十分ではない。答えなければならない根本的な問いはもう1つある。それは「何が有効か」というものだ。言い換えるなら、難しい最終決定を下すとき、私たちは現実的で冷徹に、かつ実利的でいられるかということである。

注と参考文献

1　Fubini, David G., Rebecca M. Henderson, Sarah Gulick, Trevor Fetter. 2020. Crisis at the 11th Hour. *Harvard Business School Publishing* Case number 9-320-041

2　この進化論に関する主張は次の書の論旨を基にしている。Dutton, Kevin. 2022. *Black-and-White Thinking: The Burden of a Binary Brain in a Complex World*. New York: Picador

3　このアプローチは、フランス・イエズス会の哲学者で社会理論家であるミシェル・ド・セルトーのものと類似している。彼はワールド・トレード・センターの最上階から見たニューヨーク市の景色と、地上の通りからの視点を対照的に描き、世界で広く引用されるエッセイを執筆している。次を参照。Jonathan, L. 2018. Walking in the City: A Reflection on Michel de Certeau. *Liminal Theology*. https://liminaltheology.org/2018/05/11/walking-in-the-city-a-reflection-on-michelde-certeau/
オリジナルのエッセイは次を参照。de Certeau, Michel. Walking in the City. In *The Practice of Everyday Life*. Trans. Bingham Rendall. Berkeley: University of California Press

4　このフレーズと基本的な考え方は、一般的にジェレミー・ベンサムが由来とされている。次を参照。2005. *The Collected Works of Jeremy Bentham: An Introduction to the Principles of Morals and Legislation*. Ed. J. H. Burns and H. L. A. Hart. Oxford: Oxford University Press

5　米国法曹協会は、弁護士と依頼人の関係を次のように説明している。「弁護士は、反対、妨害もしくは自身に対する個人的不便を被ったとしても依頼人のために事案の検討を進めるべきである。そして、依頼人の信念や努力の真実性を立証するために必要な合法かつ倫理的ないかなる手段も講じなければならない。弁護士はまた、依頼人の利益に対する献身性と責任をもって行動するとともに、依頼人の代理人として熱意をもって行動しなければならない」。次を参照。"Rule 1.3 Diligence – Comment." *Model Rules of Professional Conduct*. https://www.americanbar.org/groups/professional_responsibility/publications/model_rules_of_professional_conduct/rule_1_3_diligence/comment_on_rule_1_3/

6　Lincoln, Abraham. 1861. Inaugural Address. https://www.ushistory.org/documents/lincoln1.htm

7　原文の英語訳（From the crooked timber of humanity, no straight thing was ever made.）は次より抜粋。Berlin, Isaiah. 2013. *The Crooked Timber of Humanity: Chapters in the History of Ideas*. Princeton: Princeton University Press

8　ディズレーリの発言は、「私は油を塗った柱の頂まで昇りつめたのです（I have climbed to the top of the greasy pole.）」である。これは彼が１８６８年に英国首相に就任した際に語った内容と言われている。本内容は次より抜粋。Monypenny, William Flavelle and George Earle Buckle. 1916. *The Life of Benjamin Disraeli, Earl of Beaconsfield*. New York: The Macmillan Company

9　このアリストテレスの徳に関する説明は、主に次より引用した。Kraut, Richard. 2022. Aristotle's Ethics. In *The Stanford Encyclopedia of Philosophy*. Ed. Edward N. Zalta. https://plato.stanford.edu/archives/fall2022/entries/aristotle-ethics/

10　テイラーの決断に関する説明内容は、本人との個人的なやり取り（２０２１年12月15日）に基づく。

11　概要は次を参照。"Mantra," *New World Encyclopedia*. https://www.newworldencyclopedia.org/entry/Mantra

12　James, William. 1991. *Pragmatism*. Buffalo: Prometheus Books

13　この語句の定義は次に基づく。Badaracco, Joseph. 2016. *Defining Moments*. Boston: Harvard Business Review Press（邦訳：『「決定的瞬間」の思考法―キャリアとリーダーシップを磨くために』東洋経済新報社、２００４）

14　Butler, Samuel. 1926. *The Note-Books of Samuel Butler*. London: Jonathan Cape

第４章

トレーディングフロアでの葛藤

何が有効か

真のモラルコンパスに頼って最終的な難しい決断を下すときに重要な問題は、何が有効かということである。行動は個人の道徳的知恵の要石、つまりアーチの頂上にあるくさび形の石と同じである。それがなければアーチにはならず、ただの石積みである。同様に、本当に重要なものは何か、どのような責任があるかについての個人的な評価は、どれほど考え抜かれたものであっても、何が有効かという問いに対する実践的な答えがなければ大して意味がない。

行動を起こすまでの時間は、画家か彫刻家が頭の中でいくつかのイメージを描きながらも、まだ絵筆やのみを手に取っていない状態と同じである。すべては行動によって完成し、公表できるのである。すなわち、「何が本当に重要か、どのような責任があるか、何が実践的かを、私は自らこのように表現するのです」。フランスの哲学者のアンリ・ベルクソンが「行動的な人のように思考し、思慮深い人のように行動せよ[1]」と述べた理由も同じである。

行動は個人の道徳的知恵を具現化するが、その根本にある知恵は実利的で世俗的なものである。

それは世の中がどのように動き、その状況における政治と権力の現実をどのように読み取るかという私たちの感覚であり、どのようなときに実際に何かを成し遂げることができ、どのようなときに無駄なリスクを負うかという私たちの感触である。この実際的な知恵は、かつてのカントリー・ミュージックの歌詞にあるように、「自分はあるときは風防ガラス、あるときはただの虫」だと理解することである[2]。

他の根本的な問いと同じく、何が有効かという問いは非常に単純なようでそうではない。それはリーダーシップが問われる場面において、さまざまな実利的、政治的な複雑さがある中で、何が実践的であるかを個人的にどのように明確化できるかという問いである。この複雑さを知ってそれらを切り抜ける方法を学ぶため、表向きは単純に見えるある出来事に話を移そう。これはアラン・ベッカーという若い男性の話である。30年以上前に彼が下した決断は、今も彼の人生に影響を与え続けている[3]。

ベッカーが遭遇したのは、ごくありふれた状況である。つまり、「賢い」行動――上司を喜ばせ、ボーナスを増やし、昇進の可能性を高め、「決められた通りに行動する」、つまり単に仕事を続けること――が、非倫理的、不法、あるいは単に汚い行為と見なされるような状況である。また、ベッカーの話は個人の道徳的知恵の脆さと危うさを示し、私たちの理解を深めてくれる。キャサリン・グラハム、ジョー・ギフォード、アリシア・テイラーのケースと異なり、ベッカーは自分のリーダーシップが問われた場面を、達成感や誇りを持って振り返ることはできなかった。

４・１「いいから送りなさい」

アラン・ベッカーは、大手銀行に就職したばかりで、ある大型案件に携わっていた。米国の大手クルーズ会社ポセイドンは、７億ドルで船舶を建造したいと考えていた。資金調達が難航したのは、フランスでの船舶の建造に３年以上を要し、フランスの造船会社が一連の支払いを仏フラン建てで求めたためである。ベッカーは、スキルと粘り強さに定評のあるリンダ・アトキンスという経験豊富な担当者と緊密に協力していた。アトキンスは、ポセイドンの資金調達問題を解決するため、複雑な通貨スワップを組んだ。

アトキンスは自行と独占的に取引するようポセイドンに働きかけていた。他行が本取引を察知した場合は為替市場が変動してしまうため、ポセイドンの金融コストが上昇すると同社の財務幹部を説得した。また、アトキンスはポセイドンに対し、同行は業務の対価として約２３０万ドルという「通常」の手数料を申し受けると伝えていた。しかし、ベッカーは実際の手数料が１２００万ドル以上になることを知っていた。

取引が成立に近づいたとき、ポセイドンの財務幹部の１人がベッカーに銀行の手数料について尋ねた。そして、ポセイドンが銀行の手数料を推定できるよう、類似取引におけるフランの金利水準がはっきり分かるまでは契約しないと伝えてきた。

ベッカーがこの電話について知らせると、アトキンスは明らかに動揺していた。自分の席を離れ、銀行の為替専門家の1人と30分ほど話し込んだ。戻ってくると彼女はベッカーに向かって、該当する金利一覧表を印刷し、ポセイドンの最高財務責任者に電話し、彼の質問に答えるファックスを送る旨を連絡するよう指示した。ベッカーは、取引の成否がかかっているのだからアトキンスが電話をした方がよいと提案した。しかし、彼女はいいからファックスを送りなさいと指示したのである。ベッカーには彼女が怒っているのが分かった。

ベッカーは席に戻って金利表を見た。そこに掲載されていた取引は、税金の構造がポセイドンの取引とは異なっていたため、銀行の手数料がはるかに低い値となっていたのである。彼はアトキンスのところへ行って、印刷された表には源泉徴収分が差し引かれていることに気づいているかを尋ねた。彼女は、つべこべ言わずにファックスを送るよう命じた。ベッカーは席に戻り受話器を手にしたものの、電話をかけるべきか、他にどうにかすべきか迷っていた。彼が悩んだのは、この状況で本当に重要なことは何か、自分が最も果たすべき責任は何かを決めかねていたからである。

4・2 最初の2つの根本的な問いに答える

ベッカーが後に語ったところによると、彼は最初、アトキンスの明示的な指示に従おうとした。彼女は直属の上司であり、明示的な指示を与えていたのである。彼はまた、権威ある人々の希望や依頼を尊重することは大切なことだと信じていた。この信念は、彼の家庭、宗教教育、チームスポーツをプレーした歳月によって強化されてきた。また、ベッカーが現在の職に就くのをアトキンスが助けてくれたことに恩義を感じていた。実際、ＭＢＡを取得していなかったベッカーを彼女はルールを曲げて採用しており、ベッカーもアトキンスを助けるためにルールを曲げるべきだろうかと考えた。

さらにベッカーは、銀行の従業員として、自部門の財務目標達成のために協力する責任を感じていた。この取引は、大型不動産事業が急速に鈍化している時期に銀行の利益に寄与するはずだった。増益によってレイオフが抑制される可能性すらあった。つまり、本取引が上げる利益で銀行内の誰かの雇用が守られるかもしれなかったのである。

また、ベッカーは個人的にもこの取引を完了させたい強い動機を持っていた。彼は次のように述べている。

私は新しい仕事を始めたばかりで、自分には大きな可能性があると思っていました。私にとっては、完全に信頼できる熱意ある専門家と見られることが非常に重要でした。上司に真っ向から反論して、きわめて大規模で収益性の高い取引を失うリスクを冒せば、この銀行におけるの私のキャリアが終わることはほぼ確実でした。それに、うるさく口を挟んで収益性の高い大規模取引の実現に貢献できなければ、この業界で成功などできるだろうかとも考えました。

これらのことを考え、ベッカーはアトキンスの指示に従ってファックスを送信する方に傾いた。しかし、彼は躊躇した。自分にはポセイドンの最善の利益のために行動する職業上の責任があると信じていた。彼は後に次のように振り返る。「銀行業には常に多大な緊張が伴います。銀行の利益は結局、すべてクライアントの懐から出るものですから」。ベッカーは、このケースでポセイドンに及ぶ損害は無視するにはあまりにも大きすぎると考えた。また、実際に稼ぐ銀行の利益が公表されれば、他のクライアントを失うかもしれないと懸念した。ベッカーは、誠実さは銀行の評判を高めると考えた。そして、銀行の上級幹部はクライアントの利益を最優先に考えてほしいと言うはずだと考えた。

ベッカーが躊躇した理由の中には個人的なものもあった。彼は後日、次のように語った。「私はすべての人々に誠実であるべきという責務があると固く信じています。さらに、私は厳格なユダヤ教徒であるとともに、概ね良識ある人物だと考えています。当時はこのジレンマを意識して宗教的問題に置き換えたわけではありませんが、家族から教え込まれた信仰心がこの問題に対する私の気持ちに多大な影響を与えたことは間違いありません」。ベッカーは、「目の見えぬ者の前に障害物を置いてはならない」という『レビ記』の一節を思い起こした。アトキンスからあからさまに嘘をつくよう求められたとは思わなかったものの、ベッカーが伝えようとしている情報は誤解を招くものであり、それを考えるとどうにも気持ちが落ち着かなかった。

その一方で、ポセイドン・クルーズ・ラインは必ずしも「目の見えぬ者」ではなかった。同社は1隻数億ドルの巨大クルーズ船の船団を運航しており、新船には7億ドルを費やすことになっていた。経験豊富な経営幹部の下に大勢の財務スタッフを擁していた。要するに、独自に取引を分析する能力を持っているはずであり、ウォール街の銀行と取引するに当たっては慎重に疑いをもって行動していたはずである。最後に、ポセイドンは顧客であり、顧客には商品やサービスを提供する側の利益率を知る権利はない。おそらくこのファックスは、まさに尋ねられるべきではない質問に答えるものであった。

ベッカーは最初の2つの問いに悩んでいた。この状況において本当に重要なものは何か。アトキンスの明示的な指示か、ポセイドンの銀行に対する信頼か、ウォール街でこの種の取引に一般的に適用される基準か、自分の職を失うリスクか、利益率を示すよう銀行に迫る圧力か、それともポセイドンの慎重さが足りず自社によるデュー・デリジェンスが甘かったことだろうか。ベッカーは、この状況における自分の責任を理解することにも苦しんでいた。個人的な信念や宗教的な教育を最優先すべきなのか。社員としての義務、アトキンスへの忠誠心、銀行に対する職業上の責務はどうなのか。また、ポセイドンは顧客なのかクライアントなのか、クライアントだとしたらポセイドンに対する責任はさらに重いものになるのだろうか。

4・3　行動の複雑さ：ピンボールと確率

本当に重要なものは何か、どのような責任があるかという問いだけでもベッカーには難しかったが、彼はさらに厳しい課題に直面した。どうするかを決断することである。電話をかけてファックスを送るべきか、それとも受話器を置いて別の行動をとるべきか。この課題は彼に行動の複雑さと不確実性を突きつけた。そして、選択の負担が彼に重くのしかかった。

ベッカーにはどのような選択肢があったのだろうか。答えは一見簡単なように思われる。もう一度アトキンスのところへ行って彼女の計画に異議を唱えるか。それとも上申してアトキンスの上司の1人に懸念を訴えるか。しかし、この2つの選択肢はベッカーが直面する、実践面での複雑さをうわべだけくみ取ったものにすぎない。

難しい決断に向き合うとき、どう行動するかという問題は複雑になることが多い。その理由の1つは、どのような決断を下すにせよ、その後の行動には多くの場合、何通りもの道があるからだ。ベッカーの状況のように、基本的な選択肢がわずかしかないと思われる場合でも、それぞれの基本的な選択肢の中にはさらに必ずと言ってよいほど選択すべき選択肢がある。さらに、特定の選択肢を選ぶことは、基本的にピンボールマシンのレバーを引くようなものである。熟慮の上での決断を行うかもしれないし、それを実行するために注意深く計画を調整したかもしれない。しかし、いざ行動すると、放ったピンボールはそこかしこで予想もしなかった方向に跳ね返る。

あなたの行動に対し、他の人々がさまざまな反応を示すためだ。

この点を確かめるために、もう一度アトキンスのところへ行って彼女の決定に疑問の声を上げるという選択肢についてよく検討してみよう。アトキンスは既に明らかに怒りながらファックスを送るよう彼に指示している。ベッカーが再び彼女と対峙するなら、何を主張すべきかを決めなければならない。選択肢として考えられるものは、「このようなことはしたくありません」、「申し訳ありませんが、このファックスを送信することは私の宗教的理念に反します」、「これは詐欺にあたる可能性があり、私たちは法律上のトラブルに巻き込まれる恐れがあります」、「当行の行動規範に反するとして、上層部に罰せられるのではありませんか」などである。

いずれの場合もアトキンスは同じ指示を繰り返すと思われ、その場合、ベッカーには他の選択肢が生まれる。「申し訳ありませんが、私にはできません」と言うか、「ファックスを送りたいのでしたら、ご自分でお送りください」と言うか、あるいは、「分かりました、送ります。ただし、上の方から承認を得てください」と言うかであろう。

これらのアプローチへの対応として、アトキンスはベッカーに解雇をちらつかせる可能性があり、その場合はさらに他の選択肢が出てくる。「分かりました、でもファックスは送れません」と言うか、「私を脅すのは過剰反応というものです。私たちはこの問題に折り合いをつける必要があります」と言うか。あるいは、ベッカーがもはやアトキンスと一緒に仕事はできない、あるいはこの銀行では働けないと心底感じるのであれば、「辞めます」と言うこともあり得る。

これらはすべて、ベッカーが再びアトキンスのところへ行った場合の可能性の話である。次の問題、つまりピンボールがどう跳ね返るかは、彼女の反応次第である。ベッカーの真意が通じて彼女も躊躇し、計画を考え直すかもしれない。「ファックスをよこしなさい、私が送ります。あなたはこの仕事に向いていないようね」と言うかもしれない。あるいは、詐欺のリスクを認識して他のアプローチを検討し、例えばクライアントに対し「申し訳ございません。私どもはお客様にとって素晴らしい取引を構築できるよう努めてまいりましたが、当行の企業方針として、利益率の開示はいたしかねます」と言うかもしれない。

ベッカーにはアトキンスの頭越しに誰かと相談するという選択肢もある。彼は既に、この取引に精通しているロジャーという別のトレーダーに相談していた。ロジャーは、アトキンスが誤解を招く情報を送信するリスクを冒そうとしていることに驚いたが、「まぁ、彼女がどうしたいにせよ、これは彼女の案件だからね」とベッカーに告げた。

もう1つの可能性は、デリバティブ部門のマネージャーで倫理と法務のコンプライアンス責任者であるピーターに相談することだった。しかし、ピーターは複雑な取引の経験がほとんどなかった。そのため、アトキンスの計画を分析するには時間がかかり、おそらく他のトレーダーによる指南が必要だった。また、ピーターはリスク回避の傾向があるとされていたため、アトキンスのように押しが強く成功しているトレーダーに立ち向かい、その決定を退ける可能性がどれほどあるかは疑問だった。

ベッカーにとってもう1つの選択肢は、トレーディングフロア全体を管轄する上級副社長に上申することだった。しかし、ベッカーが彼を見たのはたった一度で、約50人の新入社員を前に短い話をしたときだけである。ベッカーのような新米の営業担当者にとって、副社長に近づいて内部告発をするなど「途方もなく恐れ多い」ことに感じられた。

ベッカーは少しの間、２つの大きな選択肢――再びアトキンスと話をするか、別の誰かに相談するか――と、それぞれに付随する選択肢について考えた。それから電話をかけ、ファックスを送信した。取引は成立し、アトキンスは１２００万ドルの利益を上げた。彼女は後日、上司から多額のボーナスとシャンパン1ケースを受け取った。その上司は誤解を招くファックスのことを十分に承知していた。

しかし、話はこれで終わらなかった。ピンボールは跳ね続けていた。数カ月後、ポセイドンの上級幹部があるメモを見た。それは銀行の極秘内部資料で、銀行の利益が２３０万ドルを大きく上回ることを示すものだった。この役員はアトキンスに連絡を取ろうとしたが、彼女はアシスタントに、自分はもう船舶関係のクライアントを担当していないと伝えさせた。それから間もなく、ポセイドンはこの銀行との関係を絶ち、アトキンスはウォール街の別の会社に移った。

私たちの身の回りには不確実なことが多く、自分がしたことや他人の反応がどのような2次的、3次的な影響を招くかは分からないため、行動は複雑になりがちである。このため、ピンボールのメタファーはまさに的を射ている。しかし、それは行動の複雑さに対する外面的な見方にすぎない。個人の道徳的知恵に関する重要な問題は、個人にとって何が有効かであり、この個人的な問いに答えるのは簡単なことではない。

4・4　個人的な行動の複雑さ

アトキンスとの一件から2年後、ベッカーは振り返って「アトキンスと仕事をした当時の記憶は、これからもずっと悲しみと怒りと個人的な深い挫折感に満ちたものになるでしょう」と語った。30年後のインタビューでも、ベッカーはこの出来事を忘れておらず、自分のしたことを後悔し続けていると話した。

この反応は意外に思われるかもしれない。結局のところ、ベッカーの行動には弁解の余地が何通りもある。彼は若かった。ウォール街での取引経験はほとんどなかった。銀行の誰も彼を助けられなかった。指導者であり上司でもあるアトキンスから強い圧力を受けていた。そして彼はアトキンスのところへ行って彼女の計画について疑問の声を上げた。これは若手の新人社員にとって大変勇気の要ることだ。ベッカーに酌むべき事情があったことは明らかだが、彼は問題から逃げることができなかった。

ベッカーが深い後悔の念を抱いたのは、明示的というより直感的であったにせよ、その行動が個人の道徳的知恵を厳しく試すものだと理解していたからである。カリフォルニアのゴールドラッシュで、金塊が本物かどうかを確かめるために採掘者たちが硝酸をかけたのと同じである。

この出来事の以前にも、ベッカーはアトキンスの倫理規範に疑念を抱いていた。しかし、よもや彼女が大切なクライアントを欺くような汚い手を使い、その計画を彼に実行させようとは思ってもみなかった。その後、アトキンスが何をしているかに気づいても、ベッカーは彼女を止める実践的な手だてを見つけることができなかった。それどころか、ベッカーの行動は、取引を成立させ利益を計上すること以上に大事なことなどないという銀行の歪んだ価値観とアトキンスの信念を暗に支持しているようであった。

ベッカーは、この行動がきわめて個人的なものだと理解していた。それは自分が何者であるかを明らかにし、表現するものである。厳しく複雑な問題について決断を下すとき、私たちの行動は人生という物語の中で消し去ることのできない一節になる。19世紀イエズス会の詩人であるジェラード・マンリー・ホプキンスの言葉を借りるなら、「わたしのすることがわたしで、そのためにわたしは生まれた」のである[4]。

ベッカーの所属銀行で他の人々にとって有効なことは、取引を成立させてアトキンスの邪魔をしないことだった。しかし、ベッカーは**自分にとって**何が有効かという問いに苦しんだ。銀行の新人で、権威を尊重し、上司から強い圧力を受け、十分に考える時間もなく、ポセイドンに対する自身の職業上の責務にも確信を持てず、一連の道義的、宗教的原理原則を個人的に大切にしている人間として。

私たち一人ひとり――それぞれの人生、価値観、コミットメント、恐怖、願望を抱く唯一無二の個人――にとって何が有効かを理解することは、2つの問いに答えることを意味する。これらは、リーダーシップが問われる場面において私たちにとって何が有効かを決定するための重要な指針である。それにより、私たちが受け入れ、あるいはもっと素晴らしく表現すると、誇りを持って振り返ることができるような、自分や他の人々が前に進むための実践的な道を見いだすことができる。

最初の問いは、あなたにどれほどの関心と思い入れがあるか、あなたにとって本当に重要なものはどのような理想や基準か、というものである。これに対して第2の問いは、あなたに真剣に取り組む意志があるかというものである。つまり、その状況における駆け引き、必要とされるかもしれない策謀、相手の権力と抜け目なさに対して十分に実利的、現実的な姿勢を取ることができるか、そして自分が実際にどこまで知っており、コントロールできるかを謙虚に判断できるかということである。

いずれの問いも重要であるが、両者の間には根本的な対立関係がある。一方はどこまで思いを貫き理想的になれるかと問い、もう一方はどこまで実利的、現実的になれるかと問うているためだ。

4・5　どれほど関心が深いか

行動計画があなたにとって有効かどうかを決める最初の問いはこうだ。あなたはその計画を実現することにどれほど深い関心を持っているか。単純素朴な想像上の世界では、この問いは大した問題ではない。計画を立案し、それに沿って進めればうまくいく。目標を達成し、次の仕事に移ればよい。ところが、現実の世界は異なる。予想外の事態や抵抗、障害に遭遇したときに粘り強く耐え、適応する覚悟がなければ計画はうまくいかないものである。

本書の登場人物は皆、予想外の事態に遭遇している。アリシア・テイラーは手順に従って注意深く取引を成立させようと計画していた。ところが、表明保証事項が不足していることに気づいた。ジョー・ギフォードと部下の兵士は、慎重に1軒1軒空き家を確認しているときに巨大な爆弾とその脅威にさらされた老婦人と子どもたちを発見した。キャサリン・グラハムは、主席法律顧問がぎりぎりになって翌日の掲載への反対を翻したことに驚いた。

これらの中には、計画に対する強い抵抗に遭った人もいた。ベッカーは強硬姿勢の相手に対することになった。キャサリン・グラハムは、いずれの決断を下しても社内の重要人物の不満を招き、ニクソン政権下のホワイトハウスからは即座に法律的、政治的な抵抗を受けた。ジョー・ギフォードはコリンズ一等軍曹の抵抗に遭い、ほとんどの部下は救出作戦への志願をためらい、いつでも爆弾を爆発させることができた反乱軍から致命的な抵抗を受ける可能性もあった。

ときには昔の格言をひっくり返してみるとよい。例えば、ラドヤード・キップリングは「もし――父から息子への助言」という詩の中で、「もし周りのすべての人々が冷静さを失い、そのことでおまえを責めたとしても、おまえが冷静でいられたとしたら……息子よ、おまえは本当の大人になる[5]」と書いた。キップリングの助言は、特にインスピレーションを与える話としてしばしば引用されるが、これは反対に言い換えても真実である。すなわち、もし他の人々が冷静さを失う中であなたが落ち着いていられたら、あなたは実際に何が起きているのか理解できていないのかもしれない。誰かが難しい決断を迫られているとき、他の人から見ればその人は状況を把握して落ち着いているように思われるかもしれないが、その状況の中にいる人は混乱して悩んでいるかもしれない。

歴史や純文学を見ても、リーダーたちは、周囲や自分の中で予想外の事態や抵抗に遭遇し、目標をなかなか達成できない場合が多いことが分かる。このことについて、トルーマン大統領は後継者のドワイト・アイゼンハワーに対し、「命令を下し、誰も従わなかったときに、彼は自分が大統領だと知るだろう[6]」と述べて警告している。トルーマンはおそらく自分自身の大統領としての不満を表現したのだが、この警告はアイゼンハワーには必要なかった。彼はヨーロッパ侵攻のD-デイ（訳注：ノルマンディー上陸作戦決行日）を入念に計画していたが、彼の軍隊での経験からの教訓の1つは、「計画に頼れ、ただし計画を信用するな[7]」というものだった。

粘り強く続けられるかどうかは、人生の中で広く深く共鳴する何かに懸命に取り組んでいるかどうかによる。例えばアリシア・テイラーは、不足している表明保証事項は大した問題ではないという法務顧問の考えに同意するという安易で無難な選択をすることもできた。しかし、それは自分の両親、職業、そして自分自身にとって重要なものを否定することだった。キャサリン・グラハムは自分たちの新聞をリスクにさらすことを知っていたし感じてもいたが、それが意味するものに深い関心を持っていた。ジョー・ギフォードは罪のない人々の命を救いたかった。

これらの人々はいずれも嵐の海を小舟で進もうとしていたようなものである。彼らはその状況が賭けであり、危険が伴う不確実なものだと理解し、感じていた。しかし、彼らは自分が本当に関心を持つものを理解しており、それゆえ観察、分析、考察から、決意と行動への越えがたい一線を越えた。

ベッカーは自分が失敗したと感じていたが、彼の話も、自分の人生に広く深く共鳴するものについて考えることにより、何が有効かという問いに答えることの重要性を教えてくれる。例えば、アトキンスがはっきりと命令を下したにもかかわらず、ベッカーは彼女を思いとどまらせようとし、他の人に働きかけようとした。これらは、ベッカーの強い個人的、宗教的信念に動機づけられた組織内での勇気ある行動である。さらに、ファックスを送った後もベッカーは誠実に自分の失敗と向き合っている。ベッカーは自身の行動について、いくらでも弁解や理由づけができるものの、なぜ自分を裏切ってファックスを送ってしまったのかを理解しようとした。

その後も長い間、ベッカーはこの出来事を忘れなかった。彼はアトキンスとの間に起きたことを繰り返すまいと深く心に刻み、その関心と注意を行動に移した[8]。ベッカーは複数の大手銀行で金融の仕事を続けた。事件から約30年後のインタビューで、彼は何がいけなかったのか、彼女の何を見抜けなかったのかを自問し続けていると言った。あれ以来、彼は「悪者」を見抜くために注意を怠らないようにしているという。

ベッカーはその後、複数の金融機関で役員を務め、自分にも一緒に仕事をする人にも、顧客に金融サービスの販促を行うことと、金融サービスについて見込み客を欺くこととを区別させるようにしていると語った。彼は、この区別が「単純すぎて馬鹿らしく」映りかねないと認めている。それは「あからさまな嘘をつくな」というものだからだ。彼は、「自動車ディーラーは、この車は速いですよと言うことはできますが、時速100キロに達するまで6秒かかると知りながら、4秒しかかからないと言うことはできません」と説明した。

また、ベッカーはコモディティビジネスを避けるようにしているとも述べた。それは「底辺への競争」になるからだという。要するに、競争の中で最低価格をつけていない企業は、取引を獲得するために倫理上、法律上の境界線を越えなければならなくなる。それよりも、未発達のヘッジ市場やデリバティブ市場でビジネスを手がけ、自分と会社が価値あるサービスを提供することによって、正当な報酬を得るようにしたのだ。ベッカーは、キャリアの中で何度も転換点に直面したと語った。それらは「間違った方向へ進みかねない」状況だったが、アトキンスとの一件によって、それがいかにつらい結果を招くかを彼は知っていた。彼にとってファックスを送ったことは熱いストーブに触れるようなもので、二度と経験したくはなかった。

関心と決意は、個人の道徳的知恵を行動に移すために重要だが、それだけでは十分ではない。実際、決意と理想主義だけで地雷原に飛び込めば大変なことになりかねない。だからこそ、難しい決断に直面し、自分にとって何が有効かを理解したいときは、まったく異なる第2の問いに答える必要がある。

4・6　本気で取り組む覚悟はあるか

この問いは、個人の道徳的知恵を行動に移す力があるかどうか、さらにこの力を使う意志と能力があるかどうかを問うものである。この問いに正しく答えるには、明敏かつ現実的な視点で効果と成否を判断する必要がある。

実行可能な行動計画を模索するときは、3つの問いに対する最適な答えを組み立てる必要がある。1つ目は、現状で力を持っているのは誰か。2つ目は、彼らは何を望んでいるか。3つ目は、彼らはそれをどれほど望んでいるかである。これらはマキャベリズム的に聞こえるが、実際その通りである。決意、関心、理想についての思索からの急転回である。

この現実的な視点は、ほとんどの場合、有意義であり、場合によっては不可欠なものである。マキャベリが500年にわたり評価され続けてきたのは、彼が世界を競争と不確実性と、ときに危険に満ちた生き残りと成功を賭けた戦場だと考えていたからである。決定的に重要なものは力である。さらに言うと、重要なのは物事を成し遂げようとするあなたの力と、それを阻止しようとする他者の力の関係である。成功を収めるためには、うまく行動しようとする状況の中で、権力の力学について如才なく洗練された視点を持つことが必要である。

キーワードは「力学」である。力を有効に使うとは、いわばチェスゲームである。自分にどのような動きが可能か、それに対し相手はどのように動くか、その反応に自分は対応できるかを考えなければならない。そのためには状況、人格、確率の評価を抜け目なく行う必要がある。誰が力を持っているかを一度だけ評価すればよい訳ではない。

例えば、最初の力関係という視点では、ベッカーの状況は絶望的に思える。アトキンスは彼に明示的な指示を与えた。彼女はベッカーの上司であり、彼の銀行での将来に大きな影響を及ぼすことができ、是が非でも取引を成立させたいと考えていたのだ。それゆえ、ベッカーが彼女を止めようとする行為は、ドン・キホーテが風車を攻撃するようなものである。彼の名誉のために言うと、ベッカーもそのことは認識しており、アトキンスを避け、彼女を止めてくれる味方を見つけようとした。さらに、彼の状況を力学的に見ると、他の可能性も見えてくる。

ベッカーがアトキンスに立ち向かい、ファックスを送ることは詐欺に当たるので違法と考えられると告げたらどうなっただろうか。ポセイドンが金利に関する質問の答えを既に知っていて、アトキンス、ベッカー、銀行が実際にどれほど信頼できるかを確かめようと考えている可能性を提示したらどうであったろうか。ポセイドンの依頼が何かしらの罠だとしたら。アトキンスが自分でファックスを送ろうとしなかったことに注意すべきだ。つまり、彼女はリスクを認識しており、問題が起きたらベッカーに責任を取らせたいと考えていた可能性がある。そうなると、ベッカーの側も別の戦術を使ってアトキンスに他のアプローチを取らせることができたかもしれない。要するに、権力の力学とベッカーにとっての可能性は、最初の印象以上に複雑だということだ。

特定の状況で権力の力学に関する問いに答える場合、自分の経験、人間の性質に対する見方、実際の状況の複雑さと微妙な部分に対する注意力が頼りである。これが問いに対する最終的な答えであり、それは必然的に個人的なものになる。すなわちあなたは最初に、権力を持っている者の人物像と可能性の高い力学関係を考え出さなければならない。

マキャベリの助言は、現実を直視するよう努力せよということである。こうあってほしいという慰めのような考えは捨てた方がいい。唯一の目的は、物事を悪魔化も理想化もせずありのままに捉えることである。物事をありのままに捉えることと、関心や思い入れとは根本的に相いれないと思った方がよい。両者は対立関係にあるが、この対立は自分にとって何が有効かを判断するには大きな意味がある。

物事をありのままに捉えることは、思い入れ、関心、理想主義を適度に抑制するのに有効な手段である。最初の見かけ以上に先行きが危険もしくは複雑であることが分かった場合、私たちはより謙虚になることができる。自分が実際にどのような立場にあるのか、場合によっては自分に理解できること、コントロールできることがどれほど少ないかを認識する。それによって私たちはより注意深くなり、洞察力と順応性を高め、リーダーシップが問われる場面で直面する課題に対応できるようになる。

海軍パイロットの訓練には、この根本的な対立の価値が表れている。訓練に参加する若者は、1万フィート上空からは切手のようにしか見えない空母のデッキに、何百万ドルものパワフルなハイテクジェット機を着艦させる。これには、高く厳しいパフォーマンス基準に対する強い個人的な思いが必要である。ただし、新人パイロットは、最新鋭航空機の複雑さとそれを離着陸させる難しさを謙虚に尊重するよう訓練される。彼らは、計器や窓から見えるものに対して、また自分が考え感じるものに対して細心の注意を払って敏感に反応し、1秒単位で重要な調整を行えるようにならなければならない。よく若いパイロットが昔の航空郵便のパイロットに由来する格言を耳にするのは、このためである。それは、「向こう見ずで長生きしたパイロットはいない[9]」というものだ。

キャサリン・グラハム、ジョー・ギフォード、アリシア・テイラーは、いずれも理想と目の前の現実とのバランスを取った。彼らには簡単なやり方もあったはずだ。ギフォードは部下と一緒に爆弾の衝撃圏外に逃れることもできた。テイラーは不足している表明保証事項は重要ではないという法務顧問の提案に従うこともできた。キャサリン・グラハムは『タイムズ』紙に対して出されていた差止命令を根拠に記事を掲載しないこともできた。

アラン・ベッカーも安全にバランスを取ることはできた。彼にはただファックスを送るという方法もあった。それが最も簡単な方法だった。しかし、ベッカーはアトキンスを止めようとし、さらに他の人に相談しようとした。彼が個人的な基準によって正しい決断を望んでいたことは明らかであり、上司から明示的な指示を受けていたにもかかわらず粘り強く努力した。ベッカーには他にもできることがあったかもしれないが、さらに強くアトキンスに反論したり、ファックスの送信を拒否したりすれば、職を失うか銀行でのキャリアに傷がつく恐れがあった。また、十中八九、アトキンスは思い通りにするため自分でファックスを送っただろう。

グラハム、ギフォード、テイラー、ベッカーはいずれも最も安全な進め方を拒絶した。いずれも不確実性と政治的な危険が大きかったにもかかわらず行動したのである。いずれも初期のステップの後に起きたことに応じて調整し順応しようとした。いずれも関心を持ち、本気で取り組み、慎重に行動した。つまり、彼らは全員「向こう見ずで長生きしたパイロットはいない」ことを理解していたようである。

彼らはそれぞれ、明示的であれ暗示的であれ、最初の３つの根本的な問いに対する個人的な答えを持っていた。しかし、どのようにこれらの答えを合わせて第４の決定的な問い、すなわち、個人として、また職業人として、自分が受け入れられるものは何か、という問いに答えたのだろうか。また、リーダーシップが問われる場面で、私たちはこの問いにどのように答えるべきなのか。

注と参考文献

1 この指針は次より抜粋。Bergson in Vizenor, Gerald. 2020. *Satie on the Seine: Letters to the Heirs of the Fur Trade*. Wesleyan, CT: Wesleyan University Press.

2 この歌詞が含まれる曲は、メアリー・チェイピン・カーペンターを筆頭に、多くのアーティストによってカバーされている。この曲は、マーク・ノップラーが作曲した『The Bug』で、ダイアー・ストレイツ（訳注：英国のロックバンド）が１９９１年に発表したアルバムに収録されている。次を参照。https://en.wikipedia.org/wiki/The_Bug

3 Badaracco, Joseph L. and Jerry Useem. 2023. Conflict on a Trading Floor（A）and（B）. *Harvard Business School Publishing* Case numbers 9-394-060 and 9-394-061

4 Gerard Manley Hopkins, S. J. 2018. “As Kingfishers Catch Fire, Dragonflies Draw Flame,” In *The Poems of Gerard Manley Hopkins*. Ed. Robert Bridges. Overland Park, Kansas: Digireads. com Publishing

5 Kipling, Rudyard. 2013. “If.” In *Kipling: Poems*. Ed. Peter Washington. New York: Alfred A. Knopf

6 Harry S. Truman, quoted in Neustadt, Richard E. 1964. *Presidential Power, The Politics of Leadership*. New York: Signet Books

7 Greenstein, Fred I. 1994. *The Hidden-Hand Presidency*. Baltimore, MD: Johns Hopkins University Press

8 ベッカーの決断に関する説明およびその後の人生における考察については、本人との個人的なやり取り（２０１７年３月８日）に基づく。

9 Cowan, Claudia. 2014. Old, Bold Pilots Keep History Alive. Fox News, Fox Networks Group, July 4

第５章

導師と若者
個人および職業人として受け入れられるものは何か

キャサリン・グラハムは自伝の中で、ペンタゴン・ペーパーズに関する最終的な決断について語っている。彼女は自宅の小部屋に1人で座り、昔ながらのコードつき電話機を握り、またしても記事掲載の賛否を訴える議論を聞いていた。彼女は「恐怖と緊張」を感じていた。そして大きく息をつき、「やりましょう。やりましょう。実行です。公表しましょう[1]」と言った。

この決断を下したとき、グラハムは何を考えていたのだろうか。事実と不確実性とリスクをどのように天秤にかけたのか。多くの責任にどのように優先順位をつけたのか。どうすることが実践的かを最終的にどのように決断したのか。そして、第４の決定的な問いに私たちはどう答えるべきか。それは、私たちが個人として、また職業人として受け入れられるものは何か、という問いである。

今では現代文化にも浸透しているある昔話は、これらの決断をどのように下すべきかについて、型破りで挑戦的な、しかしきわめて現実的な説明をしている。この物語はヒンズー教や中国の古文書に、それぞれの土着の人々に伝わる神話として残されており、ここ数世紀にわたり西洋の哲学者や数学者の著作物にも登場する[2]。

物語では、ある若者が崇拝される導師に近づき、何が地球を支えているのですかと尋ねた。老人は、地球は巨人の肩の上に乗っていると答えた。若者は立ち去り、この答えについて考え、再び戻ってきて「師よ、何が巨人を支えているのですか」と尋ねた。古代の賢人は黙って空を見上げ、真剣に考えた。それから対話を続け、「息子よ、巨人は巨大な鷲の肩に乗っている」と重々しく語った。若者は再びその場を離れたが、すぐに戻ってきて何が巨大な鷲を支えているのですかと尋ねた。導師は再び黙って空を見上げ、答えを考えた。そして、鷲は巨大な亀の背に乗っていると言った。若者はこの答えを聞いたものの、今度は立ち去らなかった。彼はすぐに「では何が亀を支えているのですか」と聞いた。今度は導師も黙ったり空を見上げたりしなかった。代わりに若者をじっと見つめ、「いいかね、坊や。そこから下はずっと亀だ」と言った。

私が教室でこの話をしたとき、学生たちの反応は2つの波となって表れた。最初はどっと笑いが起きた。おそらく崇拝される厳格な導師が理性を失い、私たちが時々いらだったときにするように、最後の答えを口走ったことがおかしかったのだろう。第2の波は、もっと静かでさざめくような笑い声だった。学生たちがこの話が示唆する深遠な意味に気づいたのだ。それは、私たちは厳しく複雑な決断に向き合うとき、決断を下して何が正しいかを決めることによって、何が正しいかを学ぶ場合があるということである。

例として、ＡかＢかの難しい選択を迫られ、最終的にＡを選んだとしよう。この選択については自分なりに理由を説明できるものの、Ｂを選ぶのにも十分な理由があった。これが決断を難しくする要因だった。そのため、２つの選択肢の間で迷いに迷った。しかしある時点で、キャサリン・グラハムがそうしたように、一方の理由の方がもう一方の理由を上回るとあなたは判断した。

誰かにこの決断の理由を聞かれたら、もっと詳しく説明することはできるだろう。指導者的立場にいる人間なら、もっと詳しく説明でき**なければいけない**。しかし、若者の例のように誰かがしつこく理由の背景にある理由と、さらにその理由の背景にある理由を尋ねたら、やがてできる限りの説明は尽くしたという段階に至る。そして、言い方はどうあれ、あらゆることをすべて考慮した上でこの決断が正しいと判断したのだと言って対話を終わらせることになる。要するに、「そこから下はずっと亀だ」ということになる。

結局はこれが、私たちが厳しく複雑で不確実な問題について最終的な決断を下すやり方である。分析も議論も考察も終わりにするしかないときがやってくる。対外的な締め切りが迫っている場合もあれば、堂々巡りをしていることに気づく場合もある。そのとき私たちは、リーダーシップが問われる場面に向き合う。分析、議論、考察の段階から決意と行動の段階へと移るときだ。このとき私たちは、良くも悪くも個人的な道徳的知恵に頼ることになる。実際には、「この状況のこまごまとした部分や不確実な部分を要約するとこうなり、私にはこのような責任があり、このような行動計画が有効だと思われ、私または私たちはこうするべきだと思う」などと発言することなる。

厳しく複雑な問題に対する「最後の最後の決断」には、何層もの検討事項が関わることが多い。1つの層について詳しく調べていくと、無限に連なる亀のようにさらに多くの疑問が生じ、さらに複雑になっていくことがある。しかし、どこかで一定の前提条件や仮定、基本原則を受け入れ、質問を止めなければならない。

私たちは導師と同じようにどこかでこれを行うのだが、決定的、最終的な「どのようにして」の部分は心の奥深いところにある。グラハムは掲載について賛成派と反対派が主張する説得力にあふれる理由を聞いてきた。彼女は後に掲載を決断した理由について説明している。『ワシントン・ポスト』紙の編集の高潔性を守りたかったというのだが、その理由に至る理由を明かしてはいない。ジョー・ギフォードもアリシア・テイラーもアラン・ベッカーも自分の決断について説明しているが、すべて途中までである。それが彼らにできる精一杯だったのである。

私たちの最終的な決断は、結局のところ、統計的、論理的な結論というより美的、芸術的な判断に似ているのかもしれない。このため、最終的な決断を下すときに起きることを何か物理的なもので表すなら、コンパスより万華鏡の方がふさわしい。万華鏡を覗くと、さまざまなガラスやプラスチックの破片が見える。最終的な決断を下そうとするとき、見えている破片はその状況における現実、責任、実行性の要素を表している。何をするべきか検討しているとき、私たちは万華鏡を回す。するとこれらの要素の組み合わせがさまざまに変化する。そして最後に、特定のパターン、つまりこれらの問いに対する特定の答えの組み合わせが正しいと決断する。

この最後の決断の瞬間に、実際に何が起きるのだろうか。現実は誰にも分からない。私たちは最終的な決断を下し、それに対する理由を説明する。しかし、説得力のある理由で正当化できるある選択を行い、同じように説得力ある理由で正当化できる別の選択を行わなかったのはなぜなのだろうか。最後の意思決定の瞬間は不透明なものである。それはガラスケースの中にピンで留められた蝶ではない。最後に選択を組み立てる瞬間を調べ、分析し、分解することなどできない[3]。それは私たちの前を飛び去り、ほとんど視界に捉えることさえできない。

私たちが決断することによって決断し、どのように決断したかを理解していないというこの現実を示す証拠は、私たち自身の体験だけではない。研究者やアナリスト、さらに哲学者、熱心な宗教思想家、詩人が、最終的な決断を下すときに何が起きるはずで何が実際に起きているかについての説明が、実に多様かつ不完全で、ときには矛盾していることも事実である。

例えば、認知神経科学に目を向けると、認知神経科学の先駆者が1世紀も前に「脳は広大な大陸と未踏の領域で構成される世界である[4]」と説明していた現実がある。さらに最近でも、私たちの脳は既知の宇宙で最も複雑な構造物であると表現されている[5]。また、この複雑な構造物の理解が大きく進んだにもかかわらず、私たちはいまだに答えの出ない深遠な問題に直面する。例えば、ある有名な神経外科医は最近、自分の仕事について次のように綴っている。「私が思考そのものを切開しているとか、記憶、夢、思考が白く軟らかいゼリー状の練り物だなどという考えは奇妙すぎて理解できない。私の目の前に見えるのはただの物質である[6]」。

私たちの最終的な決断をこのような視点から見ると、何が正しいかを最終的にどのように判断しているのか、という深遠で答えの出ない疑問が生じてくる。スタンフォード大学の神経学教授であるロバート・サポルスキーは、最近次のように述べている。

人間の行動を理解するには、1秒前に神経細胞が何をしていたか、30秒前にどのような環境トリガーがあったか、今朝のホルモンレベルはどうたったか、過去2サイクルでどのように神経可塑性（訳注：脳内の神経系の構造的・機能的変化）が働いたか、どのような青少年期を過ごしてきたか、さらには胎児期の経験や遺伝子、何世紀も前の先祖がどのような文化を創り上げてきたかを考慮する必要がある。それがその人の育ち方や価値観、扁桃体が何に反応し何に反応しないかを左右するためだ[7]。

私たちの最終的な決断という捉えがたい現象については、おそらくいつか完璧かつ明確な説明がなされるだろう。もしかすると、決断に関する電気的、生化学的な相関関係を理解できる日が来る。おそらくこれらの決断を予想する決定的なアルゴリズムが開発されるだろう。もしくは、人間の意識は人間の意識では理解し得ないことが分かるかもしれない。

今の時点で言えるのは、私たちは結局、何が正しいかを決断することによって何が正しいかを学習しているということである。世界最大規模の銀行のある上級役員は次のように語る。「石をいくつも引っ繰り返して正しいものを探し出そうとするが、見つけることはできない。何が正しいかは自分で決めるしかない」。

捉えがたい最終的な決断の瞬間は、ブラックボックスのようなものだ[8]。中で何が起きているかは分からないため、４つの根本的な問いに対する自分だけの答えを導き出し、ブラックボックスの中に入れるものを形作ることが特に重要となる。アラン・ベッカーの話から分かるように、個人的な道徳的知恵によって何も保証はされない。間違いを犯すこともあるし、後悔とともに生きなければならないこともある。しかし、４つの根本的な問いについて考えることにより、正しくて責任ある実践的な決断をはじき出すようサイコロの目を細工する（確率を高める）ことができる。

メアリー・オリバーは、20世紀に最も高い評価を受けた米国の詩人の１人である。彼女がある詩の最後に書いた問いは、幾度となく引用されている。「教えて。あなたは何をするつもりなの？たった一度しかない、あなたの自由奔放で貴重な人生で[9]」。さほど注目されていないが同じぐらい重要なメッセージは、その前段の１行で、簡単な表現である。「どうやって注意を払えばよいのかは知っている」。それこそが４つの問いの役割である。次々に刺激を浴びせられるこの時代に、どの方向に注目するかということに注意を払い、**何**を決断するかだけでなく、**どのように**決断するかを吟味することは、とりわけ難しく非常に重要なことである。

それが4つの問いの役割である。これらの問いは、リーダーシップが問われる場面でよりよい決断を下すために役立つ。複雑さと不確実性は難しい課題だが、真のモラルコンパス、つまり個人的な道徳的知恵に従って最善の決断を下すことができたなら、私たちは満足し、ときには安心してもよいはずだ。

注と参考文献

1 Graham, Catharine. 1998. *Personal History*. New York: Vintage

2 この説話には、さまざまな古典の派生版、現代版が存在する。それらの歴史に関する興味深いまとめは、次を参照。"Turtles all the way down." June 2, 2022. *Wikipedia Foundation*. https://en.wikipedia.org/wiki/Turtles_all_the_way_down

3 倫理的な言明が真であるか否かという問い、そして何がそれらを権威づけ、拘束力を持たせるのかという問いは、数世紀にわたり倫理学者たちを悩ませてきた問題である。この問題に関する思慮に富む概説は次を参照。Bagnoli, Carla. 2022. Introduction. In *Ethical Constructivism*. Cambridge: Cambridge University Press

4 Ehrlich, Benjamin. 2022. *The Brain in Search of Itself*. New York: Farrar, Straus and Giroux

5 2022. How to Keep the Brain Healthy. *The Economist*. September 26. https://www.economist. com/leaders/2022/09/21/how-to-keep-the-brain-healthy

6 Marsh, Henry. 2012. I Often Have To Cut Into The Brain. *Granta*. August 31. https://granta.com/new-voices-henry-marsh/ 判断と意思決定における神経科学に関する文献では、不思議な心理的感覚（a sense of wonder）と深遠な不確実性の現実（the reality of profound uncertainty）について言及されている。デビッド・R・メンデルとオシン・バルタニアンは、彼らが執筆した評論、"Frames, Brains and Content Domains: Neural and behavioral Effects of Descriptive Context on Preferential Choice"で、判断と意思決定の神経科学がいまだ「幼少期にある」と述べている。さらにこのテーマについては、彼らの著作物で繰り返し考察されている。次を参照。Mendel, David R. and Oshin Vartanian. 2011. *Neuroscience of Decision Making: Contemporary Topics in Cognitive Neuroscience*. Washington, DC: Psychology Press

7　Peter Attia (host), The Peter Attia Drive, April 22, 2023. "The Impact of Stress on our Physical and Emotional Health", #51 rebroadcast

8　この論点について神経科学の視点から簡潔にまとめた書籍として次があげられる。Ricard, Matthieu and Wolf Singer. 2018. *Beyond the Self: Conversations between Buddhism and Neuroscience.* Cambridge, MA: The MIT Press ここでは、以下のように記述されている。「簡潔に表現すれば、神経倫理学の専門家であるカティンカ・エヴァースが指摘するように、意識的な決定の前に無意識の神経的準備がなされるとしても、無意識のプロセスから生み出されるものに影響を及ぼす『先行する意識段階』があるため、意識が何の役割も果たさない、ということを意味する訳ではない。すなわち、私たちは先行する意識段階から生み出されたものを通じて、無意識のプロセスをある程度コントロールすることができるのだ。これはまた、無意識から生み出されたものにある程度責任を持つことを意味する。というのも、意識と無意識の現象が相互因果性の複雑な網の中でお互いを形成し続けているからである」。

9　Mary Oliver. "Poem 133: The Summer Day." https://www.loc.gov/programs/poetryandliterature/poet-laureate/poet-laureate-projects/poetry-180/all-poems/item/poetry-180-133/ thesummer-day/?loclr=blogpoe

著者インタビュー

本書の著者であるバダラッコ教授は、野村マネジメント・スクールの「トップのための経営戦略講座」や「女性リーダーのための経営戦略講座」において、約40年にわたって授業を担当しており、日本企業の経営人材育成についての知見も深いものがあります。これらの講座を受講した日本人経営幹部の数は今や3000人を超え、200名を超える方々が日本を代表する企業を主導するリーダーとなっています。本書の付録として、日本の読者に向けて本書の内容を補足していただくべく実施したインタビューを掲載いたします。

野村マネジメント・スクール（以下、NSAM） 本書が生まれた背景を教えてください。今作で先生の著作は11冊目になりますが、今までのリーダーシップや意思決定に関する著作物との関係、新たな問題意識について教えてください。

バダラッコ ありがとうございます。私はこれまでの著作で、リーダーシップを扱い、リーダーが多様な観点から行わなければならない難しい決断について考察を深めてきました。そして、起業家の経験、古典的な道徳哲学、本格的な文学作品、その他の視点を取り込んで検討してきました。しかし、これらの検討において、根本的な問いに1つも答えられていないことに気づいたのです。そしてその問いには、意思決定に関する数多の書籍や論稿のほとんどが答えていないものであることも分かりました。その問いとは、「世にあるすべてのフレームワークをかき集め、信頼できる同僚と問題を議論し、熟考したとしても、まだ何をすべきかが分からないときに、果たしてどのように最終的な決断を下すべきか」というものです。言い換えれば、「**最後の最後の決断**」はどのように下すべきなのか。この問いに取り組むことが、本書の執筆に至った動機です。

ＮＳＡＭ　本書で提示している４つの根本的な質問はどれも本質的なものと感じました。この質問が生まれた背景を教えてください。

バダラッコ　提示した４つの問いは根本的なものであり、それらが生み出された背景には、私の数十年にわたる教育経験、すなわちハーバード・ビジネス・スクールや野村マネジメント・スクールなどの教育機関で培った経験があります。ケースメソッドはまさに討議型の教育手法であり、学生や経営幹部が議論する内容は、名立たる経営者が難しい決断を迫られる局面を題材にしています。講師は、参加者が事前にケースを学習する際に考察すべき設問を提示します。基本的な設問は２つだけです。１つ目はある状況で発生している事象は何か、つまり、何が本当に問題なのか、ということであり、２つ目は、あなたならその状況でどのように行動するだろうか、ということです。本書でもこれら２つの問いを出発点にしつつ、責任に関する問いを追加しています。難しい決断に倫理的な論点が含まれる場合、責任は重要な要素となります。そして、最後の問いとして、これら３つの質問を総括する位置づけの問いを設定しました。

ＮＳＡＭ　モラルコンパスを万華鏡の例えを用いて表現されている点に感銘を受けました。一方で、この例えを用いると、最終的な決断はその時々で変わり得るのではないかという疑問も感じました。最終的な決断に至る脳内のプロセスはまだ解明されていないことにも言及されていますが、先生の見解を伺わせてください。

バダラッコ　確かに、「万華鏡」の思考法に基づく意思決定は、その時々で決断内容が変わり得ます。それは次の2つの例で示すことができるかもしれません。1つ目の例は次のようなものです。自分以外の人間が置かれた状況が、自分の置かれた状況と同じであったとしても、その状況を事実、責任、実行性の各側面から捉えてしまう。そして、自分とは異なるところで万華鏡を回すのを止めてしまい、自分とは異なる決断を下してしまうことはあり得るでしょう。

2つ目の例は次のようなものです。私たちはある決断を下す際に、過去に行った決断を振り返って、何か別の決断を下すべきではなかったかと考えてしまう場合があります。そのような場合、万華鏡を回転させてしまい、別の決断に至ってしまうこともあり得ます。

とは言え、リーダーは常に最終的な決断を下さなければならないものです。リーダーは、把握している事実、認識している自己の責任、作成した行動計画の下、それらが自分たちの進むべき道筋を示していて、それこそ自分たちが取り組むべきことであると発言する必要があります。ここまで考え抜いて行動することができれば、もはや万華鏡を回転させることはありません。彼らは、組織のために難しい決断を下し、自らの答えとともに前進するという基本的な責任を果たしていると言えるのです。

NSAM　さて、日本企業は近年、人的資本経営を重視する動きがあります。人材育成に対する関心が高まる一方で、経営人材の育成については試行錯誤を繰り返している現状があります。今後は、ビジネススキルを身につけるよりも、より多様な視点から感覚を磨き上げることが重要、という考え方も見られます。経営人材育成の視点から、本書の示唆との関係について見解を伺わせてください。

バダラッコ　近年の日本企業の人的資本管理に対するアプローチは興味深いものと言えます。日本問題提起されたように、ビジネススキル以外の要素が重要な側面もあると言えるでしょう。日本企業が多様な側面を重視して取り組むのであれば、それは健全なアプローチであると私は考えます。まず、マネージャーに必要とされてきたビジネススキル自体は重要です。テクノロジー、組織管理、競争環境、マクロ経済環境、政治環境など、あらゆる物事が、近年ますます複雑化しつつあると言えます。ビジネスリーダーには、これらの複雑な環境を理解し、対処するために、最高の分析スキルと分析ツールが必要であることは言うまでもありません。

しかし、道具はあくまで道具です。道具はそれ自体では答えを導いてはくれません。確かに私たちは経営幹部のように難しい決断を下し、困難な分析作業に取り組むべきではあります。一方で、究極的には人間として最終的な決断を下さねばなりません。私たちは自分の判断を頼みとし、万華鏡を回転させ、自身の経験、考察、願望、観察から決断の材料をひねり出すのです。これこそ、人的資本の開発における、スキルとは異なる第2の側面と表現すべきものと、私は強く考えています。

NSAM 本書では若いうちから考え抜くことを重視することを推奨しているように見えます。一方で、中堅クラスや上級幹部クラスとなっている方々にも、本書で提示している4つの質問を習慣づけることは、非常に重要なのではないかと思います。次世代経営人材が心掛けるべき点について、追加すべきメッセージがありましたらお願いします。

バダラッコ 私は次世代経営人材の方々に明るい未来を感じています。この根拠は、ハーバード・ビジネス・スクールの学生たちに講義をしてきた経験や、野村マネジメント・スクールで教え、その後も接してきた経営幹部に対する印象です。彼ら彼女らは概して、徹底的に分析的かつ実践的に考察する訓練を受けています。ただし、1つだけ懸念点があります。それは、一般的に「モラルコンパス」と呼称される内部信号伝達装置が、複雑な状況でも正しい答えを出してくれる、という誤った考えが広まっていることです。私は、この考え方は間違っている、もしくは、単純に善悪を判断できる状況でのみ正しい、と考えています。

しかし、複雑な問題において、リーダーが難しい決断を下す際には、リーダーが通常担っている責任について、立ち止まって熟考し、分析的に考察することが重要です。そして、どの責任を最優先に置くべきか、という点について、思慮深く決断を下すことが大切なのです。言い換えると、プレッシャーにさらされ、時間もない状況でも、自身の責任に対する問いに、拙速に、直感的に、かつ浅慮で臨まぬように取り組むということが重要と言えます。もしそのように対処できないのであれば、それはあなたやあなたの組織にとって危険な振る舞いであると言えます。

翻訳者

河野　俊明

野村マネジメント・スクール　プログラム・ディレクター

一橋大学商学部卒業、ミシガン大学経営大学院修士。野村総合研究所にて経営コンサルタントとして従事。現在、野村マネジメント・スクールにて講座運営全般を担当。米国証券アナリスト（CFA）、米国公認会計士（デラウェア州、US CPA）等。

遠藤　幸彦

東京大学教養学科卒業、ワシントン大学経営大学院修士。野村総合研究所にて資本市場研究室長等として従事。野村マネジメント・スクールにて講座運営を担当し、大学講師等を歴任。主要著書に『ウォール街のダイナミズム』（野村総合研究所）等。

制作協力

野村マネジメント・スクール

森沢　徹

佐藤祥惠

公益財団法人　野村マネジメント・スクール

我が国最高水準の経営者教育を提供することを目的に1981年設立。

世界トップクラスの講師陣を招き、国内企業の経営幹部を対象とした研修プログラムを継続的に開催している。

公式HP：https://www.nsam.or.jp/

真のモラルコンパス

リーダーシップが問われる場面における「現実、責任、そして実行性」を定義する

2024年4月25日　初版発行

著作者　ジョセフ・バダラッコ

翻訳者　河野俊明

遠藤幸彦

公益財団法人 野村マネジメント・スクール

発行所　丸善プラネット株式会社

〒101-0051　東京都千代田区神田神保町二丁目17番

電話（03）3512-8516

https://maruzenplanet.hondana.jp

発売所　丸善出版株式会社

〒101-0051　東京都千代田区神田神保町二丁目17番

電話（03）3512-3256

https://www.maruzen-publishing.co.jp

組版　株式会社明昌堂

印刷・製本　富士美術印刷株式会社

ISBN 978-4-86345-559-7 C3034